生平考證×人物剖析×傳說辯證……

從黃巾起義到蜀漢滅亡，
探索歷史記載之外的劉備及三國

張睿 著

三國史料的真相與解讀

劉備真史

【歷史的重構與解讀】

關於劉備的征戰與傳說，亂世真相考證！
黃巾起義、赤壁聯盟、夷陵慘敗……
那些你以為熟悉的劉備故事，還有更多不為人知的細節！

目錄

第一章 蜀漢高層中哪些人少年喪親？

皇帝劉備，少孤，幼年時父親就去世了。皇后吳氏，少孤。開府丞相諸葛亮，少孤，七歲時父親去世。開府丞相費禕，少孤。費禕死後，姜維掌兵權，他也是少孤。同時的尚書令陳袛，還是少孤。之前的尚書令呂義，少孤。最後上來的都護諸葛瞻，也少孤，七歲時父親諸葛亮就去世了。

除了蔣琬，蜀漢高層幾乎全在上述了，蔣琬跟這些人比影響力最小，也巧，就他不是少孤。有人說，為什麼這樣啊，也許是巧合吧？也許是巧合，也許他們更親近與自己經歷相似的人。有可能某個夜晚，諸葛亮和劉備促膝長談，不僅聊天下大事，也許會聊點別的，劉備說，我幼時就沒了爸爸，諸葛亮說，我也一樣。那麼問題來了，少孤的人沒了爸爸，他們是怎麼存活下來的，又是怎麼脫穎而出的呢？

《三國志》裡明確提到少孤、早孤的，一共是二十三個人，但這不是歷史上的全部，只是陳壽和裴松之用了這種詞語來說明。有許多人也少孤，但他們沒這麼寫。我們來說一下，吳懿和他妹妹，也就是劉備的大舅子和老婆，他們倆是依靠叔叔吳匡生存，吳匡是大將軍何進的府官，參與過斬殺宦官、斬殺何苗等事件。因為吳懿的爸爸和劉焉有交情，他後來就去了益州，也就是說吳氏兄妹生存靠叔叔，發展靠爸爸與軍閥的交情。再看諸葛亮，諸葛亮也是依靠叔叔，他叔叔叫諸葛玄，諸葛玄和劉表有交情，所以把諸葛亮兄妹四人帶到荊州，他們和劉備的老婆、大舅子一樣，生存靠叔叔，發展靠父輩與軍閥的交情。再看費禕，費禕生存是依靠堂叔費伯仁，發展是依靠另一個堂叔費觀，費觀的姑姑是劉焉的老婆，就是劉璋的親媽，費觀又是劉焉的女婿，是劉璋的姐夫或妹夫。也就是費禕的父輩、爺爺輩都和軍閥聯姻。所以換言之，費禕也是生存靠叔叔，發展靠父輩、爺爺輩和軍閥的交情。

在當時，這種父親死了，生存靠叔伯的人很多。比如荀攸，他是父親死了，爺爺也死了，他靠叔叔荀衢生存。還有王基，他也少孤，靠叔叔王翁生存。說回蜀漢，該陳祗了，他的外公是許靖的親大哥。許靖有兩個兄弟，一個親兄弟，一個堂兄弟，親兄弟就是陳祗的外公；堂兄弟有名了，就是評價曹操是治世能臣、亂世奸雄的許劭，許靖和堂兄弟許劭一起建立了大名鼎鼎的月旦評。許靖在蜀漢做到上公太傅，雖然是「吉祥物」，但級別是頂級的。所以陳祗是生存靠外公輩，發展也靠外公輩。

說說姜維，姜維有意思了，許多人以為姜維父親死後，母子倆相依為命，生存窮困潦倒。其實非也，史書記載，姜維「不修布衣之業」，就是不做普通百姓的工作，那他做什麼呢？「陰養死士」，他不僅不窮，他還養了一群死士，他要做什麼呢？「為人好立功名。」有人說，這怎麼可能，他哪裡來的錢？注意史料裡的一個細節，姜維的父親曾經是郡裡的功曹，功曹這個身分很重要，一般一個郡裡最強大的家族的人才能當功曹。比如周瑜當南郡太守，功曹是龐統，因為在南郡龐家當時是第一家族。比如臧洪就是功曹，他父親是臧旻，當過揚州刺史、太原太守。所以有實力的家族的人才能當功曹。姜維雖然父親死了，家族還在，家族有實力，他「不修布衣之業」，要養死士，因為他有那個條件。這還沒完，姜維什麼也沒做，直接被賜官中郎，封天水郡參軍，理由是姜維他父親戰死沙場，這是補償姜維的。有人說，這也應該。但當時戰死沙場的官員多了，每家都有這種待遇嗎？當然不是，那是因為姜維家族在當地有實力。

所以古人是以家族為單位在努力的，父親死了，少孤了，並不是就完了，只要你的家族強大，你的叔叔養活你，你的家族和軍閥有交情，甚至聯姻，你一樣能出人頭地。

有人說了，劉備不一樣，劉備沒叔叔，劉備就是父親死了之後，窮困潦倒，只能和母親販履織蓆，沒有叔叔幫忙的。

非也，《三國志》裡劉備出現了兩個叔叔，一個明確是他叔叔，還有一個疑似是他叔叔，明確的叔叔叫劉子敬。說劉備小時候和家族的小孩們一起在大樹下玩，劉備看大樹像車蓋，就說以後我一定要坐這種羽葆蓋車。這話一說，把劉備叔叔嚇壞了，因為這種車是帝王才能坐的，劉備叔叔劉子敬趕忙說：「汝勿妄語，滅吾門也！」意思就是你別胡說八道，如果出事了，要滅我們全族的。

這一段透露出一個資訊，就是劉備是有一個大家族的，而且他是和家族的孩子們一起玩的，他是生活在大家族中的。並不是父親死後，劉備就和母親相依為命，他是有家族依靠的。

有人說不對，劉備一定是父親死後，就被家族踢出家門了，只有母子兩人相依為命。好，那我們繼續看，劉備十四歲的時候，「母使行學」，就是母親讓他去外地遊學。如果是靠賣草鞋為生的母子倆，哪有錢讓孩子外出遊學？舉個例子，好比那擺地攤的十四歲的小孩，家裡很窮，突然有一天，他媽跟他說，你去國外留學吧！

這合理嗎？

當然不合理，接著看，他跟誰一起去外地遊學呢？同家族的劉德然，看見沒？

又是同家族，小時候劉備是和同族的小孩一起玩，十四歲時，是和同族的孩子一起去遊學。這種經歷，你還覺得劉備的生存與家族沒關係？

再看，除了劉德然，還有遼西的公孫瓚，公孫瓚什麼家族？家世二千石！就是家裡世代出過許多太守級別的高官。那麼問題來了，為什麼劉備能獲得和同宗少年劉德然一樣的待遇呢？

史料記載，這個劉德然的父親劉元起經常資助劉備。有人說了，你就直接說劉備堂叔劉元起資助劉備不就得了，還說的那麼繞圈子。非也，劉德然、劉元起與劉備的輩分關係並不清晰，也許劉德然是劉備的爺爺輩，也許是劉備的孫子輩，這都有可能。史書只寫了同族，沒寫輩分。按《三國演義》的理解，劉元起疑似是劉備的堂叔。這就像諸葛誕和諸葛亮的關係，許多人說他們是堂兄弟。非也，諸葛誕和諸葛亮是同族，誰輩分高，誰輩分低，並不清楚。為了方便理解人物關係，我們可以把劉元起叫做疑似堂叔。

簡單理解，就是劉備的父親雖然死了，但劉備一直生活在大家族中，從小和家族小朋友一起玩，長大後和家族少年一起遊學，疑似堂叔的劉元起常常資助劉備。

有人說這個資助，估計就是給口飯吃，疑似堂叔能給多少？

非也，後面史料明確記載，說疑似堂叔每次資助劉備，和給他和親兒子的一樣多。史書曰：「常資給先主，與德然等。」

這疑似堂叔能給這麼多，那他老婆沒意見？有意見啊，史料接著寫，說他老婆不願意了，說你怎麼能老是給這麼多呢？疑似堂叔說了，我們家族裡哪有像劉備這樣的孩子，他不是一般人。有人問了，劉備哪裡特別？史書又給了說明，說劉備「少語言，善下人，喜怒不形於色」。

史書說劉備話少，對人有禮貌，榮辱不驚，品格想法與普通人不一樣。

有人說了，這一段怎麼跟我們看的《三國演義》不太一樣呢？因為明朝版的《三國演義》為了突出劉備的無依無靠，把劉備與宗中諸小兒於樹下戲，改為與鄉中小兒戲於樹下。宗中、鄉中，一字之差，千里之別，宗中小兒那都是親戚，一個大家族的；鄉中小兒就是同鄉的鄰居。這麼改，把劉備與家族中的孩子們一起長大這個成長環境給改沒了。然後明朝版《三國演義》寫得更直白，讓劉備說「我為天子，當乘此羽葆蓋車」。文中加了「我為天子」四個字，含義又不一樣了。史料裡，少年劉備也許並不知道這東西是天子用的，他只是覺得好玩。

但演義改成劉備小時候就大喊我要當天子。

可能是受尊劉貶曹的創作思想影響，清朝版《三國演義》把劉元起喝斥劉備的情節改為劉元起說：「此兒非常人也！」

這裡其實是把史料中劉備與劉元起、劉元起夫婦之間的對話進行了剪輯，把兩個情景剪輯在了一起。

有人可能會問，劉備家族很強大嗎？很了不起嗎？

看史料，陳壽寫的是「世仕州郡」。就是劉備家族世世代代都在幽州涿郡當官。一個世世代代在幽州涿郡當官的家族，你說強不強大？

史料記載劉備的爺爺叫劉雄，爸爸叫劉弘，世仕州郡。

劉備的爺爺被舉孝廉，官至東郡范縣縣令。

有人說，不就是個小縣令嗎？人家袁紹家都是四世三公，一個小縣令也好意思拿出來說。

其實比縣令更有價值的是這個舉孝廉。

當時一個郡一年只推舉一個大孝子，如果有官職空缺，這個大孝子就能直接補位當官。

一個郡相當於今天半個市或一個市，一年只推選一個孝子，說直白點就是選有實力的家族。

所以劉備的爺爺能當孝廉，這表示劉備家族在當地不簡單。

有人說，孝廉在《三國志》裡有很多。確實，《三國志》裡先後提到一百多次孝廉。

但《蜀書》裡並不多。

《蜀書》裡只有十處孝廉。其中比較有名的人有許靖，就是上文說的開創月旦評的兩兄弟之一；張裔，益州本地名士；張翼，益州本地人；馬忠，益州本地人；譙周的小兒子等等。這樣看下來《蜀書》裡孝廉很稀少。大家熟悉的關羽、張飛、諸葛亮、姜維都沒被舉過孝廉。

演義裡可能為了抬舉劉備，把劉備爺爺當孝廉改為了劉備爸爸當孝廉。

再說劉元起做了一件很了不起的事，就是把劉德然和劉備送到了盧植那裡去讀書。

有人說了，這叫什麼了不起，不就是送到一個鄉下老頭那裡去讀書嗎？

我們受一些文藝作品的影響，認為盧植是個告老還鄉的老頭。在這裡我們介紹一下盧植。

其實盧植當時是九江太守，是二千石級別的，他一直在九江平亂，後來病退。

盧植是幽州涿郡人，和劉備是老鄉，他還是經學宗師馬融與太尉陳球的徒弟。

同時，他還有個師哥叫鄭玄，鄭玄也是經學宗師。

盧植背景很深，人也很狂，一開始州裡邀請他當官，他看不上，後來朝廷徵招他為博士，他才去的。但因為九江叛亂，朝廷讓他去平亂，平完亂，他又不想當官了，他不想在揚州當個地方太守，便稱病辭職了。辭職後，他寫信給朝廷，要求進入皇宮圖書館研究典籍，盧植其實一直想當京官。於是，他就一直等著朝廷的批覆。

有人說了，他寫信給朝廷，朝廷就會理他嗎？當然，因為盧植背景很雄厚。

後來盧植跑到洛陽郊外的緱氏山，一邊辦學，一邊等待消息。公孫瓚、劉德然、劉備就是這個時候來跟盧植學習的。

學了幾個月，結果揚州的廬江郡出現叛亂了，朝廷認為盧植有平亂經驗，便派他去了廬江。盧植去後果然平亂成功，朝廷便召他進京，終於成了京官。盧植在京城負責研究典籍，他的同事們都是當時的名士，如馬日磾、蔡邕、楊彪、韓說等。

後來漢靈帝提拔盧植當了尚書。盧植成了皇帝的近臣。

所以回看盧植，這是一個告老還鄉的老頭嗎？這是皇帝身邊的重臣啊！劉元起能把劉德然和劉備送到盧植那裡學習，當然是一件了不起的事。

這一年是西元一七五年，劉備十四歲，劉備和未來的元老派的簡雍可能已經認識了。劉備未來的夥伴們，如諸葛亮、龐統、法正、馬超、姜維都還沒出生。

這一年，漢末的霸主們已在活躍。此時曹操二十歲，是洛陽北部尉；袁紹之前是濮陽令，現在隱居洛陽，養了很多死士，到處營救士大夫。董卓還是袁紹叔叔司徒袁隗的府官。此時十常侍在打壓士大夫，何進的妹妹現在還不是皇后，國舅爺還是曹操的堂妹夫宋奇。在這個風起雲湧、暗潮湧動的時期，劉備、劉德然、公孫瓚跟著盧植來到了洛陽郊外，這次遊學，將成為劉備人生的轉捩點。

第二章 劉備的師門背景究竟多豪華？

劉備的師父是盧植，盧植的師兄是一代宗師鄭玄，也就是劉備的師伯。清朝版《三國演義》裡為了替劉備貼金，直接虛構說劉備也跟師伯鄭玄學習過。當然，也有人猜測，是不是劉備跟盧植學完後，經盧植推薦，劉備也去師伯那裡學習了。

如果去了，那就有趣了，鄭玄的徒弟裡有兩個人，未來是劉備的手下，一個是孫乾，疑似是鄭玄的徒弟；一個是劉琰，明確是鄭玄的徒弟。孫乾是劉備的使者，最後做到秉忠將軍。

劉琰也是使者，最後在蜀漢做到車騎將軍，同時還是中軍師。除此之外，鄭玄著名的徒弟還有四個，他們未來是曹操手下的尚書崔琰、太僕國淵、河東太守任嘏，御史大夫郗慮。

這些人劉備有可能上學時就認識。

另外，大家都知道劉備把師兄公孫瓚當哥哥對待，史料記載：「而瓚深與先主相友。瓚年長，先主以兄事之。」那哥哥的同學，劉備有沒有可能也認識？公孫瓚也跟未來的太尉、皇親國戚劉寬學習過，劉寬的徒弟還有王邑、傅燮、魏傑。這全是公孫瓚的同學，公孫瓚和劉備在緱氏山學習時，公孫瓚有可能帶劉備進洛陽城，認識認識自己的同學。

王邑未來是大司農，漢臣，跟曹操不對盤。

傅燮未來是漢陽太守，漢臣，打黃巾軍時，傅燮率軍斬賊三帥。後來守衛西涼，由於馬超的父親馬騰叛變，投了賊軍韓遂，導致傅燮陣亡。後來朝廷發兵平叛，公孫瓚的另外一個同學魏傑就參與了這個戰爭。七年後，李傕追趕漢獻帝車隊，兩軍交戰，身為漢臣步兵校尉的魏傑被李傕軍擊敗了。公孫瓚這三個同學全是大漢忠臣。

大家想像一下，十四歲的劉備被公孫瓚帶進洛陽城，與這三個未來的大漢忠臣一起談忠君愛國，深深影響了劉備。大家還可以想像一下，有一天書院裡來了極其尊貴的客人。來者何人？司徒袁隗，他的岳父叫馬融，馬融正是盧植的師父，所以盧植得管司徒袁隗叫師兄，劉備、公孫瓚、劉德然、高誘四人得管袁隗叫師伯。

袁隗身邊帶了幾個青年，他們都是袁隗的姪子，三人自報家門，袁基、袁紹、袁術。是的，你沒聽錯，有袁紹、袁術。

因為盧植是馬融徒弟，袁隗是馬融的女婿，無論是盧植帶劉備去拜訪袁家，還是袁家來郊外拜訪盧植，劉備和袁紹都有相識的可能性。盧植最後的歸宿也是在袁紹那裡，他臨死前是袁紹的軍師。

這還沒完，鄭玄和盧植不僅僅是馬融的徒弟，他們還是未來的太尉陳球的徒弟，陳球家有個名人，那就是陳登，陳球的姪子的兒子就是陳登。現在劉備十四歲，陳登十一歲或十二歲，兩人早年間見過也正常。這就是為什麼後來陳登支持劉備當徐州牧的原因。而且劉備當徐州牧後，陳登寫信給誰？袁紹，袁紹聽說劉備當了徐州牧，自然非常支持。你乍一看，這三人毫無關係。往前一推，這三人早年就在一個圈子裡。史書明確記載，袁術和陳登的父親是舊交。全是一個圈子的。另外，陳球還有兩個徒弟，也是大家的老熟人，管寧、華歆，華歆跟過袁術，也跟過馬日磾，未來是曹丕的三公。

當時的學術圈除了這幾家之外，還有一家，是公孫瓚的老師劉寬的老鄉，姓楊，就是弘農楊氏。老爺子叫楊賜，有個府官叫孔融，有個徒弟叫王朗，有個兒子叫楊彪，楊彪的老婆是袁紹的堂姑，生了個孩子叫楊修。

這就是西元一七五年的劉備有可能接觸到的圈子，他可能接觸到一些未來對自己有用的人，比如袁紹、孫乾、劉琰、陳登。

說明一下，劉備一七五年跟著盧植去洛陽城外緱氏山學習，他只是有可能接觸到上面提到的這些人，但是史料並沒有相關記載。

回到正史裡，劉備跟隨盧植學習，盧植不久被派往廬江平叛。

那麼問題來了，盧植這才教了公孫瓚、劉備、劉德然、高誘幾個月而已，突然去上任，那這些學生怎麼辦？難道他們跟著盧植去廬江太守府裡繼續學習嗎？

有人說了，盧植是去打仗的，能帶學生去嗎？不會有危險嗎？

A觀點，沒危險，盧植那麼厲害，再說了，盧植是指揮軍隊平叛，太守府是安全的，盧植白天指揮軍隊，晚上在太守府教書。

B觀點，有點危險，但這是實習的好機會，不然盧植教他們的兵法怎麼實踐？地方叛亂就是流民作亂而已，又不強，連鎧甲都沒有，盧植帶的是鎧甲精良的正規軍，這正是公孫瓚、劉備鍛鍊的好機會，他們未來為什麼打仗厲害，因為在這裡練過了。

C觀點，盧植不會把學生帶到廬江，他可以讓學生轉學，去他師兄鄭玄那裡繼續上學。

當然，還有D觀點，簡單一點，盧植把學費一退，你們各自回家，我去廬江了。

其實ABCD四種答案，無論哪一種，都是猜測，史料是缺失的，正史裡沒說盧植去上任之後，劉備、公孫瓚怎麼樣了，尤其是劉備，接下來都是空白的，一直空白到九年後的黃巾起義之前，這九年間劉備發生了什麼，我們一無所知。但公孫瓚是有記載的，而且在公孫瓚的事蹟中，我們能嗅到一些劉備的動向。

好，來看公孫瓚，公孫瓚回到了家鄉，無論剛才ABCD哪種答案，他最後都再回到家鄉。

公孫瓚的家族很強大，但公孫瓚的母親出身低位，有人說了，不對，公孫瓚是嫡長子，他字伯珪，伯不就是嫡長子才能叫的嗎？是這樣的，公孫瓚這個伯珪不是家族替他命名的，而是他自己取的，他後來當將軍了，為了獲得豪強的支持，就和幾個豪強結拜，他是大哥，為了增加兄弟結義的分量，公孫瓚把自己的字給改了，我是結義大哥，那我字伯；結義的老二，你字仲；老三，字叔。所以以公孫瓚的出身，他其實是沒資格字伯的。

後來公孫瓚娶了當地前任太守的女兒，逐步累積起資源。這期間，劉備很有可能是一直跟著公孫瓚的。

大家可以想像一下，二人回到幽州後，公孫瓚因為是前任太守的女婿，資源更多。公孫瓚對劉備說，賢弟，你別急，等為兄混好了，我們有福同享。

有人說，這種話，都是空話而已。非也，幾年後，劉備的家鄉涿郡涿縣新上任了一位縣令，正是公孫瓚。劉備終於等到了新來的縣令，是自己「以兄事之」的那個男人。

第三章 劉備在家鄉招募私兵，縣令為何默許？

縣令當然管，而且還支持劉備招募私兵。

別驚訝，這很正常。因為劉備家鄉涿縣的縣令是公孫瓚，劉備的師兄，是劉備「以兄事之」的男人。誰敢阻礙劉備招募私兵，師兄出面解決。

那劉備為什麼招募私兵？有人認為是因為黃巾起義爆發了，涿郡釋出了招兵啟事，劉備為了保衛家鄉才招兵買馬。

但根據史料記載，其實在黃巾起義之前，劉備就已經開始招兵買馬了。那麼問題來了，劉備招兵買馬做什麼用？要搞清楚這個，就得從公孫瓚的視角出發。公孫瓚來涿郡涿縣當縣令，當地士族自然要和控制自己家鄉的軍閥合作。同理，現在公孫瓚是涿縣縣令，那涿縣當地的大家族要不要跟公孫瓚合作？那當地重要的大家族有誰呢？答案是肯定要合作，這個家族就是劉備家族。

劉備就好比公孫瓚的保安隊長，兩人明面上是官方與民間的合作關係，實際上就是公孫瓚個人的武裝力量。雙方的這種合作可以更好地控制地方，要控制地方，那就需要人手，用朝廷的人不方便，所以要劉備招募私兵。

那這時劉備多大呢？我們算一下，盧植去廬江上任是西元一七五年，劉備和公孫瓚可能就回家了，這年劉備十四歲，然後公孫瓚去遼西太守劉其那裡為吏，再去當遼東屬國長史，然後升為涿縣縣令，這些事忙下來，最快也得一年。劉備招兵買馬是在黃巾起義前，黃巾軍一八四年起義，劉備二十三歲，也就是劉備招兵買馬是在十五歲到二十三歲之間。

有人說了，原來劉備這麼年輕就開始招兵買馬了，為什麼電視劇裡那麼老呢？因為明朝版《三國演義》寫劉備招兵買馬是在二十七歲，電視劇估計也是按著這個年齡塑造演員。

讓我們回到少年劉備這裡，少年劉備站在街上，光明正大招兵買馬，縣裡許多人認識他，因為他以前在這裡賣草鞋。現在突然招兵買馬了，但沒有任何人敢輕視他，因為所有人都知道，他的背後是公孫瓚和劉元起。

然後少年們爭著來依附這個之前的賣鞋郎，冀州中山國的大商人張世平、蘇雙也來投資這位曾經的賣鞋郎。

史書的表述是，劉備「少語言，善下人，喜怒不形於色。好交結豪俠，年少爭附之」。中山國的兩個大商人看見了這一幕很驚訝，然後給了劉備許多錢財，劉備就拿著這些錢財繼續壯大自己的實力。

這個表述，總讓人覺得不可思議，少年們如果那麼喜歡劉備，那劉備賣草鞋的時候他們怎麼不紛紛來依附？大商人覺得劉備不一般，就給錢了，就投資了，這麼爽快嗎？大商人圖什麼？

其實答案很簡單：

少年們是爭著加入縣令與地方豪強聯手打造的非法武裝力量。

商人們是在投資縣令與地方豪強聯手打造的非法武裝力量。

少年們和商人們看中的不是劉備，而是縣令和地方豪強聯手的那個勢力。

所以在涿縣，少年劉備已是隻手遮天。

有人說了，怎麼就隻手遮天了？

如果你穿越到涿縣，劉備的人欺負你，你怎麼辦？你去報官，縣令是公孫瓚，你覺得報官有用嗎？

你說你越過縣令，直接去涿郡太守府，去找太守告狀。

好，你去了，你運氣也很好，太守聽了這件事，大吃一驚，涿縣縣令竟然搞了一個非法武裝力量，我得去涿縣查查。

太守剛要起身，下人來報，前任遼西郡太守到，這是前輩啊，弄不好是涿郡太守以前的老上司呢！這得接待啊，一聊，原來公孫瓚是老上司的女婿，這事有點難辦了。

這時，下人再報，遼西郡太守劉其到。

現任遼西太守也到了，這現任太守和公孫瓚什麼關係？這就要說幾句了。

公孫瓚離開盧植後，回到家鄉，他得找工作啊，因為公孫瓚家是累世二千石的家族，有人脈；又因為公孫瓚是劉寬、盧植的徒弟，有師門；又因為公孫瓚是前任太守的女婿，有岳父，所以公孫瓚很容易就成了遼西郡現任太守劉其的上計吏，什麼叫上計吏呢？這種吏的名冊，是向朝廷彙報的，朝廷知道有你這麼個吏，還有一些吏是當地承認你，出了州郡沒人承認的。所以公孫瓚當的是朝廷承認的吏，日子過得不錯。但過了沒多久，出事了，這個太守劉其犯事了，事還不小，要被拉到京城洛陽廷尉府受審，可能要被發配到南方去，公孫瓚穿上士兵的衣服，冒充士兵陪著太守去洛陽，他一路駕車，一路上照顧太守。到了洛陽後，太守被拉去受審，公孫瓚跑到洛陽北邙山祭祀祖先，雖然不知道幽州的公孫瓚為什麼祖先葬在洛陽，但這並不重要，重要的是公孫瓚情深意切，對祖先說，我要跟著太守發配去南方了，那地方有瘴氣，說不定我就回不來了，以後就沒機會來這裡看望祖先了。公孫瓚拜了幾次，激昂站起，旁邊看到的人無不嘆息。我推測公孫瓚之所以一路保護太守來到洛陽，一方面確定與太守的情義深切，另一方面他是去搬救兵了。因為此時，他的老師劉寬是太尉，盧植是侍中，這兩人向皇帝說說情，興許這事就過去了。

果然沒過多久，太守劉其無罪釋放了，兩人一起開開心心地回幽州了，然後公孫瓚就被舉了孝廉。

所以你說，遼西太守劉其對公孫瓚是什麼感情？現在你涿郡太守想要調查公孫瓚，遼西太守劉其管不管？

涿郡太守正舉棋不定，下人來報，破虜校尉鄒靖鄒大人到。

這可不得了，你聽著破虜校尉只是個校尉，感覺是個小官，但事實上，他是朝廷派來與北方游牧民族作戰的校尉，和護羌校尉、護烏桓校尉類似，是正規軍統帥，其地位非同小可。

這鄒大人為什麼要來為公孫瓚說話呢？他和公孫瓚什麼交情呢？這也得說幾句。

公孫瓚被舉孝廉過後，然後就等空缺，恰好遼東屬國長史的位子空出來了，公孫瓚就去上任了。這個地方可不太平，正是朝廷正規軍和北方游牧民族打仗的地方。所以公孫瓚的工作是作為地方軍協助正規軍作戰。結果有一次，公孫瓚和鄒靖一起去追敵人的時候，鄒靖被包圍了，公孫瓚回去搬救兵來救鄒靖，等解了圍困，二人繼續乘勝追擊，一直打到晚上，官軍舉著火把向北追逐敵軍。

可以說公孫瓚對這位正規軍統帥有救命之恩啊！

你涿郡太守敢得罪正規軍統帥嗎？

怎麼樣？在幽州，你還有辦法對付公孫瓚、劉備這幫人嗎？

有人說了，我懂了，公孫瓚是純靠關係當上的縣令，我去告發他。

那你還真告不贏，我們看看公孫瓚是怎麼當上縣令的。他當遼東屬國長史的時候，帶著幾十個騎兵巡邏，結果遇到幾百名鮮卑騎兵，公孫瓚一點也不怕，手持雙刃矛，帶著手下主動發起攻擊，斬殺敵人幾十人，自己這邊也折了一半人。鮮卑人嚇壞了，再也不敢出現在這一帶，公孫瓚因此被升為涿郡涿縣縣令。

幾十人硬槓幾百人，打的對方不敢再來，公孫瓚是憑這個升縣令的，這是戰功。

現在他讓師弟劉備弄個非法武裝力量，誰有意見？

說少年劉備在涿縣能隻手遮天，那也是事實。

所以你如果和劉備的人發生衝突，你以為你對抗的是幾個小混混嗎？是一整套幽州的武裝系統，小混混的上面是劉備，劉備的上面是縣令公孫瓚，公孫瓚的上面是劉其，最上面是正規軍統帥鄒靖，你能打過這集團嗎？

有人說了，我找刺史，刺史就是負責彈劾這幫人的。

當時的幽州刺史是誰，史書記載不明確，但是有一個人當過幽州刺史，也許就是在這個時期，這個人叫陶謙，或許他此時就與公孫瓚、劉備是認識的，也或許不認識，但未來他與公孫瓚、劉備是盟友。

十幾年後，曹操打陶謙，陶謙向公孫瓚求救，劉備來救援。乍一看，一切都是命運隨機的安排，其實每個人物的出現都不是巧合，為什麼是向公孫瓚求救？為什麼是劉備來救？其中都有原因。

有人說，那按你這意思，陶謙也是他們自己人，那我去向劉焉告狀，不是有個幽州太守劉焉嗎？鄒靖不是劉焉的下屬嗎？

那是演義，歷史上劉焉沒當過幽州的官，而鄒靖也不是哪位太守的下屬。

關於劉備招兵這一段，我們來總結比對一下明清《三國演義》與《三國志》的差別。

第一，按《三國志》來看，劉備招兵是二十四歲之前，不到二十四歲。

明清版《三國演義》寫的都是二十七歲。

第二，《三國志》裡，劉備招兵時黃巾軍未起義。

明朝版《三國演義》裡，為了美化劉備，給劉備招兵一個合理的理由，說是黃巾軍要殺到幽州了。

第三，《三國志》裡，劉焉沒當過幽州太守，沒在幽州當過任何官。

明朝版《三國演義》裡，說劉焉是幽州太守。

第四，《三國志》裡，鄒靖是獨立的校尉。

明朝版《三國演義》裡，鄒靖成了幽州太守劉焉的下屬。

第五，劉備為什麼要招兵買馬，他是怎麼想的，動機是什麼？《三國志》裡沒有明確記載。

明朝版《三國演義》寫的是劉備說自己有心掃蕩中原。

清朝人一看，這樣寫不好，劉備要掃蕩中原，別人會理解為劉備想當割據勢力的軍閥呢，這不成反派了嗎？於是改成有志欲破賊安民，這就是標準的正面角色了，別人就誤會不了了。

第六，《三國志》裡，劉備從未見過劉焉，劉焉也不可能認劉備當姪子。在明清版《三國演義》裡，都寫了劉焉認劉備當姪子。

總結一下，歷史上劉備招兵時，不是二十七歲，黃巾軍也沒起義。劉焉不是幽州太守，鄒靖不是劉焉下屬。劉焉沒認劉備當姪子。

第四章 劉備如何參與討伐黃巾軍？

可能是鄒靖舉薦他去的。

駐守在邊界打烏桓、鮮卑的正規軍，人家身經百戰，現在奉命去打黃巾軍，也就是普通的流民，這不是碾壓嗎？結果正規軍非要帶上一個縣裡的民間保安隊，這保安隊毫無作戰經驗，能有多大作用？但正規軍非要帶，而且打完後，正規軍統帥替保安隊隊長申報戰功，直接升為鄰郡的縣尉，副縣令級別，手握一縣兵權。如果沒有鄒靖，劉備爭取不到這樣的機會。

後來涼州叛亂，朝廷要調幽州軍隊去支援，幽州這麼多軍隊，結果誰都沒被推薦，被推薦的又是這位涿縣縣令公孫瓚，而推薦人，還是這位鄒大人，鄒靖現在是京官了，是掌管大漢中央軍北軍五校的北軍中侯。但這次惹惱了前中山相張純和泰山郡太守張舉，這兩人都是太守級別的，他們很憤怒，覺得如果公平競爭，這個機會是他們的，因為鄒靖和公孫瓚的關係，讓他們失去了立功的機會。

結果這兩人造反了，張舉是幽州豪強，張純是前中山國相，他倆聯盟烏桓單于丘力居，也就是蹋頓的叔叔，來大舉進攻大漢，張舉自稱天子，張純自稱彌天將軍、安定王，一共十萬大軍。大漢王朝涼州的叛亂沒解決，幽州又叛亂了。

張舉、張純在幽州叛亂，朝廷得調集軍隊去打他們，按說應該調青州的正規軍去打，但歷史又重演了，青州正規軍去打幽州叛軍，誰都不帶，偏偏又帶了涿縣保安隊長劉備。這個時候劉備還不是安喜縣尉，之前打黃巾軍的戰功報上去了，劉備在等空缺，有空缺他才能接替當官。在等空缺的這個時期，又獲得了機會，他跟隨青州正規軍去打叛軍。有人說，不會還是那個鄒靖推薦的吧？

史料沒這麼寫，史料寫的是青州平原國有個叫劉子平的人，他知道劉備有武勇，向青州官軍推薦了劉備。我也沒搞懂為什麼青州的這個人能知道幽州劉備有武勇，還有這個青州人是什麼身分？怎麼他一開口，青州官軍就聽了，就帶著劉備去了。

總之，史料就這樣含糊帶過去了，這個叫劉子平的人是誰，為什麼推薦劉備，誰讓他推薦劉備的，都沒記載。

有人問了，公孫瓚不就是救過一次鄒靖嗎？鄒靖用得著這樣幫他和劉備嗎？

我認為他們應該是形成了一種長久的持續合作關係。

說白了就是縣令源源不斷地向邊界正規軍統帥提供物資，邊界正規軍統帥在有機會的時候，就拉一把縣令和縣令的師弟。

當正規軍統帥鄒靖物資累積到一定程度的時候，他只需要一個契機，就形成質變，契機就是黃巾軍起義，他去打黃巾軍得戰功，用這個戰功加上他累積的物資，他就可以質變，成為京官，成為掌握北軍五校的北軍中侯。

有人說了，怎麼從邊界統帥成為京官這事，還需要累積物資，這是什麼邏輯？我們先不說三公尚書台十常侍要不要打點。光給漢靈帝的，就是一大筆錢。

漢靈帝明確規定，想當官需要出錢的，明碼標價。你資歷夠了，功績夠了的前提下，還得出錢。

許多人常常嘲笑曹操的父親曹嵩花錢買了個太尉。其實歷史上，不光曹操的父親當官要花錢，是所有人都要花錢。

有人說了，那正直清廉卻家中貧困的士大夫怎麼辦，不就當不上官了嗎？

在漢末，士大夫就不可能貧困，這是個偽命題。甚至可以說，只要是受過教育的人，他的家族都強大。庶民一般是沒有學習認字的機會的。

古人是以家族為努力單位，你的小家庭窮，不代表你的大家族窮。比如黃蓋，他還是孤兒呢，家裡非常窮，但從小能有機會學習，他先當小吏，然後直接變成三公的府官，相當於在宰相辦公室裡工作。這聽著像童話故事一樣。

就是因為他家族強大，他是江夏黃氏，大士族。

那一個家族是怎麼變強大的呢？因為土地兼併，掌握的土地變多，就需要大量的佃戶來種地，需要大量部曲來保護土地。佃戶和部曲是士族的私有財產，不用向皇帝交稅。這就變成了士族越強大，土地越多，就有越多的庶民失去土地成為佃戶和部曲，就不用交稅了，皇帝收到的稅就變少了。也就是士族越強大，皇帝越窮。然後士族出了文人來當官，皇帝就跟他們要錢。

有受過教育能跑來當官的都是士族，皇帝說我的稅都是因為你們變少的，現在想當官，得拿錢來買，這是補我的稅錢。

等士族當了官，就提出各種建議，目的是讓自己的家族能兼併更多的地，他們的建議越多，皇帝的稅收就越少。皇帝只要反對，士族就張口閉口昏君，於是皇帝就利用太監制衡士族。

然後在士族的筆下，這皇帝是昏君，太監是惡人，皇帝親信的非士族官員是奸臣。這就是站在漢靈帝的角度來看當時那個世界，解釋一下為什麼他認為當官得花錢買。你不理解他怪異的行為，是因為你無法站在他的視角。申明一下，漢靈帝的視角不代表正義，他已經被釘到恥辱柱上了。好，回到鄒靖這裡，現在是西元一八四年，黃巾起義爆發了，鄒靖去攻打黃巾軍，這正是讓公孫瓚也嘗些甜頭的機會，那就帶著他師弟劉備的保安隊一起去。

那我們來對比一下，明清版《三國演義》裡，劉備打黃巾軍部分與歷史的區別。

一八四年，黃巾起義爆發了，小說裡大篇幅寫了劉歇業和鄒靖大戰黃巾軍的情節。但史料很簡單，就一句話：「先主率其屬從校尉鄒靖討黃巾賊有功。」沒有說敵軍將領是誰，交戰過程如何，都沒有。

那演義就得編，就虛構了程遠志和鄧茂，讓關羽斬了程遠志、讓張飛斬了鄧茂。我個人認為，這一段虛構是合理的，既然劉備保安團與敵軍交戰了，那斬殺對方將領很正常，將領總得有名字吧，歷史沒寫，演義就編兩個，很合理。但不合理的是什麼，是正規軍鄒靖成了替補，全程看這個毫無作戰經驗的民間保安團作戰，這就很不合理了。

再看演義，接下來劉備去救援青州，這個歷史上完全沒記載，而且估計不合理，因為幽州和青州之間還隔著冀州，保安團這點兵力不可能長途跋涉，而且青徐黃巾軍人數眾多，保安團根本無法與之抗衡。

很多人不了解黃巾軍起義範圍，起義主要分為三路。

上路是張角三兄弟，在冀州。盧植先去打，然後董卓去打，都失敗了。

中路的黃巾軍領袖叫波才，朝廷派皇甫嵩、朱儁去打波才，曹操被安排來蹭個經驗，就像劉備被安排來跟鄒靖蹭經驗一樣。擊敗中路後，皇甫嵩和朱儁分兵，皇甫嵩去打上路，滅了張角三兄弟。朱儁去下路，滅了南陽黃巾軍。

演義裡為了讓讀者能看全這三路的戰役，所以安排劉備軍成為視角人物，讓劉備把這三路都跑一遍，帶大家看看這三路發生了什麼事。

先是北路，盧植對黃巾軍，先獲勝，然後圍而不攻，慢慢打造攻城器械。演義裡劉備跑來見盧植，作者設計了一段師徒相見。

然後演義讓劉備去中路，引出中路軍皇甫嵩、朱儁火燒敵軍的事，但演義把中路軍主帥給換了，把波才換成了張角的弟弟張寶、張梁，其實歷史上張角三兄弟沒分開過，三人一直在北路，沒去過中路。

接著中路軍皇甫嵩與朱儁分開了，皇甫嵩去上路滅張角，朱儁去下路滅南陽黃巾軍。

演義讓劉備先去上路見到盧植，然後接替者董卓來了，董卓也打不過黃巾軍，小說設計了劉備救董卓的橋段。然後寫劉備再去下路，跟著朱儁打下路。

歷史上是孫堅跟著朱儁打下路，並沒劉備的事。所以演義裡寫劉備在下路射殺了孫仲，這是完全不可能的。

但羅貫中可能覺得即使這樣，劉備的戰功還是不夠，就虛構了一場不存在的戰役，朱儁對張寶。朱儁一輩子也沒去過上路，也沒見過張寶。作者不管了，就瞎編了，在這場純瞎編的戰役裡，張飛斬殺高升，劉備射傷張寶，也算多了一些戰功。

後來再虛構說張寶是被部下刺殺的。其實歷史上張角是病死、張梁陣亡，張寶一直堅持到最後，被皇甫嵩滅了。

總結一下演義與歷史的區別。劉備保安團沒支援過青州，也沒支援過上中下三路，也就是冀州、豫州、荊州都沒去過。程遠志、鄧茂、高升、孫仲都是虛構的，劉歇業也不可能斬殺這些虛構人物。劉歇業也沒去見盧植，也沒去救董卓。張寶、張梁沒被火攻過，張寶沒被劉備射傷過，也沒被手下刺殺過。

整個演義裡劉備打黃巾軍的過程，全是編的，他的作用是當視角人物。

所以劉備在打黃巾軍時見過曹操、孫堅都是假的。劉備應該一輩子都沒見過孫堅。

回到歷史，這一年是一八四年，劉備二十三歲，龐統五歲，向朗十七歲左右，史書記載他少年時跟隨司馬徽學習，應該就是此時。這一年，馬超八歲，他的爸爸馬騰還是樵夫，但是四年後，就不是了。這一年法正八歲，他的爺爺玄德還活著，但是四年後，就去世了。這一年諸葛亮三歲了，他的父親還活著，但是四年後，就去世了。

第五章 劉備跟曹操一起回家過嗎？

回過，裴松之引用《英雄記》記載：「靈帝末年，備嘗在京師，後與曹公俱還沛國。」也就是二十七歲的劉備在京城遇到了三十三歲的曹操，然後跟著曹操回家了，去了沛國。裴松之還引用《魏書》記載，說曹操在家鄉的城外蓋了個房子，在那裡讀書、打獵，有人要是問曹操，你為什麼一個人在城外住？曹操回答，我自娛自樂。其實他不是自娛自樂，他是和劉備在招兵買馬。

有人會問了，劉備不是在當縣尉嗎？怎麼去了京師？這裡要說一下，在劉備當縣尉期間發生的事——鞭打督郵。督郵不是人名，是官吏名，是負責傳達州郡命令等工作的人，可以理解為省長的祕書。劉備剛當上縣尉不久，朝廷下令，說以軍功當官的人都要裁撤，這當然包括劉備。於是督郵來各縣傳達旨令，劉備可能想找督郵求情，但督郵拒絕見面，劉備大怒，便綁了督郵鞭打一頓，解官亡命去了。至於去了哪裡，大概是去了京城，找老師盧植去了。

這裡說一下京城裡的情況，當時京城是三股勢力角逐，宦官、外戚、士族。宦官的代表人物是十常侍，外戚的代表人物是太后董家與皇后何家，士族的代表人物是袁隗。現在的局面是，以袁家為首的士族集團和外戚皇后何家合作，要立何家的大皇子史侯劉辯當皇帝；宦官與太后董家合作，要立董家的小皇子董侯劉協當皇帝。這裡還得再提一下涼州叛亂的事。當時皇甫嵩建議調幽州軍去平亂，大將軍府認為北軍中侯鄒靖了解幽州，讓他去選將，此時前中山相張純要參戰，鄒靖沒選他，而是選了自己的心腹公孫瓚，張純忿不得將，勾結烏桓造反。公孫瓚因此無法去支援涼州，導致涼州官軍等不到援軍而陷入苦戰，之前涼州官軍為了對抗叛軍，就招兵，招募到樵夫馬騰，他是天水郡蘭干縣前縣尉的兒子，馬騰作戰有功，升為將領。

但由於幽州援軍無法抵達，涼州官軍處於劣勢，刺史被賊軍斬殺，官軍馬騰叛變投敵，成為叛軍，反而進攻官軍，導致官軍裡公孫瓚的師兄弟傅燮陣亡。然後馬騰與叛賊韓遂共同推舉一個叫王國的人當領袖，組建了一支聯軍，一起進攻司州三輔。三輔再往東是弘農，弘農再往東就是洛陽了。西元一八八年，面對叛軍漢靈帝嚇壞了，要求新組建一支西園軍，來保衛洛陽。

有人說了，漢靈帝那麼怕嗎？這不是怕的問題，這是漢靈帝要制衡，因為眼下士族和何家屬於強勢，宦官和太后屬於劣勢，漢靈帝要增加宦官和太后的勢力，他選取宦官蹇碩當西園軍的統帥。有人說了，宦官也能當軍團統帥？別看不起宦官，這個叫蹇碩的，史書形容他是「壯健有武略」。

那士族和何家勢力就眼睜睜看著對手變強嗎？當然不會，既然是新建一支西園軍，你們的人能保家衛國，能進西園軍，那我們的人也可以啊！於是雙方都安插自己的人，最後西園軍整出八個校尉，上軍校尉是蹇碩，是這支西園軍的首領，這是漢靈帝定的。但是，中軍校尉可以是袁家的人啊，一番操作下來，虎賁中郎將袁紹就成了中軍校尉。助軍右校尉馮芳，他是宦官曹節的女婿。右校尉淳于瓊，就是官渡之戰中的那個淳于瓊，其實他是老資格了，他是袁紹的心腹。再者，可以讓曹操來當典軍校尉。

有人說了，他們想讓誰當校尉誰就能當嗎？這就靠運作了，而且你得有兵，你拉著一支隊伍來，要保衛皇城，上面有人推薦運作，你就能併入西園軍，那你才算校尉。那曹操的兵哪裡來呢？回家招，招來兵再回洛陽，袁隗這幫人再幫著弄進西園軍當校尉。就在此時，劉備到了洛陽，與曹操一起回曹操家鄉招兵。那劉備與曹操有什麼關係呢？曹操就屬於袁隗士族集團，而袁隗和劉備師父盧植論師兄弟，也就是劉備跟著自己師伯的手下去招兵。

說到這裡，可能有人會問，歷史到了這一年，劉備的兄弟關羽、張飛在哪裡？史書記載二人是劉備在家鄉招兵買馬時加入的，但沒有說他們剛加入就與劉備恩若兄弟，也沒有記載他們與劉備亡命洛陽。直到三年後劉備當了平原相，關羽的記載才出現。

回到一八八年，劉備和曹操招完兵，曹操帶著軍隊去京城當西園八校尉裡的典軍校尉去了，那劉備呢？以袁隗為首的士族和皇后外戚集團給劉備的第一個任務完成了，有第二個任務嗎？這就必須把整體格局看懂，才知道劉備會分到什麼任務。

一八九年，漢靈帝突然死了，他宣布誰是接班人了嗎？這個有爭議。大將軍何進和袁隗說漢靈帝說了，接班人是何家的史侯劉辯。太監蹇碩自稱，漢靈帝臨死前對他說，要立的是董侯劉協。

蹇碩的計畫是騙大將軍何進來議事，要趁機除掉他，然後把董侯劉協弄成皇帝。結果由於蹇碩的司馬是何進的人，看何進來了，向何進使眼色。何進發現不對，趕緊跑了，逃過一劫。

之後何進搶先把何家的史侯劉辯立為皇帝。

蹇碩怕了，要跟十常侍一起除掉何進，十常侍認為何家人已經當了皇帝，硬拚不行，得改變策略，他們賣了蹇碩當投名狀，投靠何家，把蹇碩拉攏他們圖謀殺害何進的書信交給何進，何進名正言順處死了蹇碩。然後何進又殺了董侯劉協的表叔驃騎將軍董重和劉協的親奶奶董太后，發現沒，他們都姓董，未來還有董卓、董承、董貴人，董侯劉協依靠的力量都姓董。

現在何家強大了，何家大哥，是皇帝大舅，大將軍；何家二哥是皇帝二舅，車騎將軍；何家小妹，是皇帝親媽；董太后，何家媽媽，是皇帝的外婆，舞陽君。

任何勢力都不是鐵板一塊，一強大就會內耗。這媽媽、大兒子、二兒子、小妹看著親如一家，其實有天然的裂縫，那就是媽媽是大兒子的後媽，大兒子和小妹是同父異母的兄妹，二兒子和小妹是異父同母的兄妹，大兒子和二兒子是異父異母的兄弟。二兒子和小妹都是後媽生的，但大兒子不是，這就給了十常侍機會，他們藉此挑撥離間。十常侍說你們看著是一個家庭，但其實是兩家人，何進現在位高權重了，會壓制妳們母子三人的。這番挑撥離間很有用，後媽聽進去了。如果除掉何進，讓二兒子何苗接替何進。那權利在她們手裡，她們都是一家人，就沒外人了。

這十常侍厲害吧？先賣隊友當投名狀，打進敵人內部，再分裂敵人，讓敵人二虎相爭。但在這次權力鬥爭裡，除了他們，還有一股勢力，那就是士族，他們表面上是何進的隊友，但他們要的並不是何進勝利，他們要的是士族的勝利，他們要的是外戚、宦官都完蛋，所以他們就要挑撥外戚何進去殺宦官。原本是一個穩定的局面了，但十常侍挑撥何家後媽殺何進，士族挑撥何進殺十常侍。何進本不想這麼做，但抵不過士族能說會道的嘴。

為了讓何進陷入魚死網破的境地，士族慫恿何進從外面調軍隊來滅宦官，宦官一看何進動真格的，不給活路了，就決定與何進同歸於盡，士族要的就是這結果。何進調來了兩批軍隊，西涼的董卓、并州的丁原，董卓以前是袁隗的府官，自己人。但士族也不是完全信任董卓，所以調來丁原制衡董卓。同時還從大將軍府派了一些將官去各地招兵，希望招來一些小軍團當籌碼，來平衡涼州軍和并州軍，要是涼州軍強，小軍團就支持并州軍，同理，如果并州軍太強，那就讓他們支持涼州軍。大將軍府派出去多少將官呢？鮑信、王匡、張楊、張遼、毌丘毅，派出去五路人招兵。

劉備身為袁隗的師弟盧植的徒弟，那得給點工作啊，他接到的任務，就是跟隨五路裡面的毌丘毅一起去招兵。毌丘毅是大將軍府的都尉。

毌丘毅去丹陽招兵，劉備同行，走到下邳，遇賊，劉備力戰有功。

歷史又重演了。官軍鄒靖去打黃巾軍，劉備跟著去，有功，封安喜縣尉。青州官軍去打張純，劉備跟著去，結果戰敗了，否則也能封個官。大將軍府打下邳賊，劉備跟著，又有功，這次封為青州北海郡下密縣縣丞。這種做法並不是只有劉備經歷過，曹操也是跟著皇甫嵩、朱儁蹭戰功，打完了直接升濟南相，相當於市長級別。劉備蹭完了只是副縣令級別，畢竟曹操和袁紹、袁隗關係更近，劉備跟他們的關係相對遠一些。

孫堅也是一樣，孫堅的父親是種瓜的，但孫堅的叔伯家很強，他們家兒子孫孺能做到本郡功曹，我之前講過，別駕、治中、功曹這都是本地強大家族才有資格當的。孫堅有強大的叔伯家存在，所以十七歲就能當本郡代理校尉。對外的理由是，他敢一個人殺海盜。同年，孫堅跟著官軍去打反賊，蹭經驗，被刺史親自報戰功，後來還當了縣丞。

不要認為孫堅是白手起家，哪個十七歲的小孩能白手起家當代理校尉去打仗，打完刺史親自報戰功?你們只知道孫堅的父親是瓜農，但不知道人家叔伯是能把兒子弄成功曹的人。人家孫子後來更厲害，是袁術的汝南太守，汝南可是袁術的家啊，太守是那功曹的兒子、孫堅的姪子，後來被封為征南將軍。

好，說回劉備，劉備當了下密丞，但是「復去官」。又不當這個官了，這是為什麼?

這就又要從整體的上層爭鬥來看了。

士族調董卓、丁原來，又五路招兵，然後看局勢發展。果然，宦官覺得沒活路了，要魚死網破，就要設計除掉何進，就慫恿何進妹妹騙何進入宮。在何進妹妹的視角裡，何進一死，二哥何苗接替何進，大漢的權力就全在我們母子手裡了，就沒外人了。何進這時候沒意識到那後媽三人早就跟自己不一條心，就真去了，結果被宦官殺了；士族也早就做好準備，何進這邊一死，士族就帶著大將軍府的將官們去殺宦官，還把何苗一起滅了。這下何小妹傻眼了，這局面怎麼跟我想的不一樣呢？然後董卓一看局勢亂了，就帶兵進來了，他搶先遇到了劉辯和劉協，劉協是董侯啊，董卓一想，我就姓董，我也可以是董侯親戚啊，他就冒充董太后的族人。但丁原是個問題，有丁原制衡他，他無法成事，於是董卓以并州牧的身分，命令并州的主簿呂布殺掉丁原，趁機吞併并州軍。這下士族傻眼了，這局面怎麼和我想的不一樣呢？於是袁紹、袁術、曹操三人逃跑，分別跑向冀州、荊州、兗州。士族再安排人騙董卓封了五個地方官，全是冀州、荊州、兗州的，袁紹、袁術、曹操三人到了地方，有這五個地方官在，立刻起兵反董，這下董卓傻眼了，這局面怎麼跟我想的不一樣呢？

五個地方官和袁紹、袁術、曹操，這就是群雄起兵討董卓的基礎，之前不是派出去五路招兵嗎？這五路本就是士族聯盟的人，他們沒趕上董卓和丁原的爭鬥，因為董卓出手太快，所有人都沒想到，現在這五路正好可以加入士族聯盟的反董聯軍。五路裡的王匡、鮑信、張楊都加入了。張遼死忠，認為我是并州從事，我跟隨并州牧董卓，因此他去跟隨董卓了。最後一路是毌丘毅，他的記載沒了，但跟他同行的劉備呢？

裴松之引用的《英雄記》記載：「會靈帝崩，天下大亂，備亦起軍從討董卓。」再結合陳壽寫的「復去官」。實際情況應該是劉備也去投盟主袁紹，加入士族聯盟了。所以劉備「復去官」、「亦起軍從討董卓」。我們對比一下歷史和演義的區別，演義說劉備打完督郵後，去投靠代州的劉恢，劉恢把劉備推薦給劉虞，劉虞派劉備去打張純，有戰功，封為下密丞。

史書記載劉備去的不是代州，是京城；劉備見到的不是劉恢，是曹操；劉備跟的不是劉虞，是將軍府的毌丘毅；劉備的戰功不是打張純，是打下邳賊；但都是封為下密丞。打督郵是起點，當下密丞是句點。只有起點和句點一樣，中間的過程都是演義編的。

第六章 為何刺客無法成功刺殺劉備？

因為關羽、張飛「侍立終日」啊，他們一整天都站在劉備身邊，刺客怎麼下手？這刺客說了，那我晚上去。沒用，劉備晚上和關羽、張飛睡一張床的。刺客說了，那我還是白天去，我不進去，我躲房子外面射箭。不好意思，那你一定瞄不準，因為劉備對「士之下者，必與同席而坐」，就是劉備經常跟老百姓坐一起，而且來的老百姓非常多。一屋子老百姓，人多到關羽、張飛只能站著，劉備和他們坐一起，你在房子外拿弓箭瞄準，能瞄到嗎？這刺客說了，那我下毒，專門找劉備吃飯的小鍋。

這有點困難，因為劉備是「同簋而食，無所簡擇」，就是和老百姓同一個鍋裡舀飯吃，從不挑剔，你還真找不到劉備自己的小鍋。

設想當時，劉備發現門外站個人，就叫進來一起吃飯。你趕快把弩藏好，沒辦法，被發現了，只能進來了。劉備不知道你是刺客，對你熱情厚待，把你感動了。你直接告訴劉備，我是個刺客，我的雇主是本郡人，叫劉平，他一直看不起您，您當市長了，他覺得歸您管很丟人，讓我來刺殺您。我剛才說的不是段子，是真實的歷史，是劉備當平原相時發生的事。從這裡可以看出劉備是多麼得人心。

說到這裡，有人會問，前面不是說劉備「復去官」嗎？怎麼這裡又當平原相了呢？因為劉備參加了反董聯軍，被任命為高唐尉，不久升為高唐令。後來劉備被黃巾軍擊敗，於是去投奔了公孫瓚，公孫瓚任命劉備為別部司馬，師兄弟又相聚了。

再說劉備在京城加入了袁隗的士族集團，那此時為什麼放棄袁紹去投奔公孫瓚？可能原因有三：首先劉備不認同袁紹的霍光夢；其次公孫瓚在討伐黃巾軍的過程中立了功，現在名震河北；最後，公孫瓚畢竟是劉備「以兄事之」的人。

西元一九二年，公孫瓚與袁紹之間的界橋之戰爆發了，但史料沒有劉備參戰的記載。此戰公孫瓚戰敗，但同年公孫瓚反擊，大破袁紹軍。公孫瓚又乘勝追擊，一口氣打穿冀州渤海郡，占領青州平原國，公孫瓚讓他自己私封的青州刺史田楷守在平原。

後來，公孫瓚和盟友陶謙制定了一個計畫，要三路同時出兵，進攻袁紹和曹操，從哪三個地方出兵呢？一個是平原國的平原縣，一個是平原國的高唐縣，另外一個是兗州東郡的發干縣。

發干縣是陶謙出兵。平原縣，公孫瓚調來了他私封的兗州刺史單經。單經是兗州刺史，任務很明確，這次打的是袁曹聯軍，打袁紹封的兗州刺史曹操，公孫瓚封的兗州刺史單經是責無旁貸。

剛才說了陶謙從發干進攻，單經從平原進攻，那第三個點高唐派誰去？

公孫瓚的軍隊幾乎都是幽州人，大部分人連往南的冀州都沒去過，更別說更南的青州，那誰對青州了解呢？劉備，他當過青州北海郡的下密丞，當過青州平原國的高唐令，此時捨備其誰？

所以劉備終於迎來了人生中第一次身為主力首發出場的機會。這是劉備有記載的人生第六仗，但卻是第一次主場首發。

這就是累積啊，你看劉備當過青州下密丞、青州高唐令沒什麼用似的，但在特殊的時候，他會形成一種優勢。

有人說，不是，劉備能獲得這個機會就是因為他是公孫瓚的師弟。

不否定，有這個因素。但劉備在青州當官的經歷也很重要。

有人說了，那劉備獲得這次機會，真實的原因到底是因為他是公孫瓚的師弟，還是因為他當過兩次青州的官呢？

都重要。人生是實力加人脈，光有人脈，沒實力不行；光有實力，沒人脈也不行。

你想，公孫瓚這次要重用劉備，底下有人反對，公孫瓚一句話就頂回去了，我師弟在青州當過兩次官，對青州了解，所以我派他。你不服，你在青州當過官嗎？你了解青州嗎？你要在青州當過兩次官，那我也派你去。這樣誰不服？

看見沒，如果劉備沒這個經歷，那底下反對，公孫瓚能說什麼？公孫瓚說，他是我師弟，我就要重用他，你們不服啊，不服離職啊！那你看看公孫瓚以後還怎麼帶團隊。

人生就是這樣，你覺得浪費的經歷，可能未來會是你的財富。

好，劉備要離開幽州了，這是他最後一次離開幽州，這次走後，他將永遠告別故鄉幽州，從此浪跡大漢，一生再未回去，再未見過劉子敬、劉元起、劉德然和家鄉的大桑樹。

好男兒志在四方，大漢十三州任君翱翔。劉備終於不用跟著正規軍蹭經驗了，這次自己就是征伐正規軍，而且是統帥。但劉備此時的身分依然是別部司馬，手下就一千人，這怎麼能當主力呢？還得公孫瓚支持啊！《三國志·蜀書·關張馬黃趙傳第六》明確記載，「瓚遣先主為田楷拒袁紹，雲遂隨從，為先主主騎」。此戰未成年的小將田豫也進入劉備軍，田豫還未成年，把自己託身給劉備，劉備非常欣賞田豫。劉備帶著趙雲和田豫出發了，得此二將，如虎添翼。到了平原國，田楷身為青州刺史，會為劉備增加兵力，滿足三軍聯合進攻的需求。

這仗結果如何呢？《三國志．魏書．武帝紀第一》記載：「瓚使劉備屯高唐，單經屯平原，陶謙屯發干，以逼紹。太祖與紹會擊，皆破之。」袁紹和曹操聯合反擊，擋住了前來進攻的三路聯軍，也就是劉備他們沒打下來。有人問了，說了這麼多，結果沒打下來，這有什麼用？很有用，這是劉備第一次指揮一路征伐軍作戰，獲得了寶貴的指揮經驗。打仗自古易守難攻，攻不下來是常態，而且三路都沒攻下來。尤其是另外一路是兗州刺史田經，他是刺史級別的，刺史都沒勝利，憑什麼要求別部司馬劉備要勝利。而且，這一場戰役的策略目的已經達到了。

有人說，不是敗了嗎？達到什麼策略目的了？

公孫瓚軍剛占領青州的平原國，最怕的是什麼？是占不住，地盤再丟了，這次聯合進攻等於以攻代守，目的是保住勝利果實。

這個目的達到了。打完此戰後，袁術帶兵對袁曹集團發起了一次進攻；陶謙又一次進攻曹操，並占領曹操的兗州泰山郡裡的華縣、費縣兩個縣，然後再進攻兗州任城郡。這點很顛覆，我們一直認為是曹操在欺負陶謙，其實陶謙參與了聯合進攻，又占領了曹操兩個縣。這才引發曹操後來反擊，就是一打陶謙，陶謙接著一怒殺了曹操的父親，曹操又二打陶謙。這都是後話，現在還在曹操一打陶謙之前。

這個階段，袁曹聯軍一直是防禦的姿態，沒有主動出擊。所以田楷站穩了青州平原國，劉備以別部司馬的身分跟隨田楷，繼續防禦袁紹軍。

《三國志．蜀書．先主傳第二》記載，劉備「數有戰功，試守平原令」。

劉備在與袁紹軍的反覆交戰中，有了幾次功勞，田楷讓劉備嘗試著來當青州平原國的平原縣見習縣令。

那劉備這個見習生轉正了嗎？不光轉正了，還升官了，升為平原相，太守級別，也就是市長級別。

這是劉備人生中第一次坐上太守級別。

劉備歷經安喜尉、下密丞、高唐尉、高唐令、平原令後，終於告別了縣級，成為平原相，是太守級別。

劉備能升到太守級別，全靠打袁紹。此時劉備的老師盧植還在袁紹那裡當軍師呢，萬一哪天盧植隨軍時，騎馬在劉備對面，不知二人如何相對。不過幸好史料裡沒出現這種記載。

再說說劉備的管理能力。

劉備當上平原相後，除了自己的直屬軍外，又建立了兩個獨立營，他需要封兩個別部司馬，那他封給誰了呢？他封給了關羽、張飛。現在關羽、張飛終於是各自指揮一個營，也就是一千人的指揮官。

然後，劉備對別部司馬身分的關羽、張飛那是「寢則同床，恩若兄弟」。

一九三年，劉備繼續當平原相，此時發生了北海救援戰。黃巾軍將領管亥圍困北海國，北海國的國相是大家的老熟人孔融。孔融所在的北海國隔壁是東萊郡，東萊郡有個知名人物太史慈。太史慈逃亡去遼東了，孔融多次派人去慰問太史慈的母親。後來太史慈從遼東回來了，恰好此時黃巾軍管亥圍困北海。太史慈的母親就說了，孔融對我不錯，你快去救他。太史慈單槍匹馬就去了，趁夜晚黃巾軍鬆懈，就偷偷進了城，太史慈建議孔融派兵隨他殺出城去，但孔融不同意，堅持要等待援軍，但一直又等不到援軍。孔融就提議派人去向平原國的劉備求救，太史慈自告奮勇衝了出去，直奔平原。到了平原見到劉備，太史慈把情況一說，劉備大驚，沒想到孔融竟然知道這世間還有我劉備。

劉備立刻派了精兵三千跟隨太史慈去救援。

注意關鍵字，精兵三千，這時候的劉備是能派出三千精兵的，不光是兵，而且是精兵。

劉備自己身為平原相，直屬軍隊可能有一個軍，也就是五個營。自己指揮一個營，另外四個營由四個軍司馬指揮，我猜測四個軍司馬可能是趙雲、田豫、士仁、蘇非。然後再加兩個別部司馬，關羽、張飛，總兵力七個營，七千人，現在派出去三千精兵。我猜測跟趙雲、田豫的軍隊相比，關羽、張飛的兩個營應該是精銳，覆甲率更高。

不過幾個月後，劉備就只有一千士兵和一點烏丸混雜騎兵了，而且劉備的平原相身分也沒了。

有人說為什麼啊，難道劉備被公孫瓚撤職了？因為劉備失去了平原國的地盤，那還算什麼平原相呢？那到底發生了什麼事，劉備怎麼又被打回原點了？看史料，《三國志·蜀書·先主傳第二》記載，「袁紹攻公孫瓚，先主與田楷東屯齊」。有人說了，沒看懂呢！袁紹攻擊公孫瓚，然後劉備和田楷向東屯駐在青州的齊國。不就這個意思嗎？這裡是較隱晦的寫法，不參考別的史料真看不懂。

裴松之引用的《九州春秋》說袁譚剛到青州的時候，袁紹封袁譚當都督，不是刺史，後來曹操上表推薦袁譚為青州刺史，這其實就是個形式，漢獻帝也收不到這個推薦表。

然後史料說，袁譚的領土在黃河西邊，不超過平原地界而已。袁譚向北趕走田楷，向東攻擊孔融，在那一片炫耀自己兵力的強大。

注意關鍵資訊，袁譚占領了平原，趕走了田楷。再結合先主傳裡說的「先主與田楷東屯齊」就明白了，田楷為什麼帶著劉備向東屯駐在齊國，那是因為他們被袁譚打跑了。發現史書的神奇了吧？如果沒有其他史料作證，你看光一句，劉備和田楷向東屯駐，你都沒懂是什麼意思。這就是史官的厲害啊！我明明被我老婆趕出臥室，只能睡客廳了。史料不寫我被趕出臥室，只寫我人在客廳。不知道的以為我在客廳會客呢，以為我在客廳寫稿呢，其實是被趕出來，回不了臥室，只能在這裡。這就是為什麼我們讀史書，常常感覺不到本傳主角的戰敗，因為史官寫戰敗的手法千奇百怪，你不注意根本看不出來。

那你說陳壽撒謊了嗎？沒有，劉備和田楷確實屯駐到齊國去了。其實史料中那句「袁紹攻公孫瓚」已經給了我們暗示，陳壽要表達的不是袁紹本人攻擊公孫瓚本人，而是袁紹軍攻擊公孫瓚軍，那袁紹軍的誰攻擊公孫瓚軍的誰呢？

那就是袁紹軍的袁譚攻擊公孫瓚軍的田楷，所以劉備和田楷向東逃，屯駐在齊國。這兩句是個因果關係。

這一年是一九四年，或者是快到一九四年了。然後明確到一九四年的時候，陶謙向田楷求救。為什麼陶謙會向田楷求救呢？因為陶謙和公孫瓚是盟友，現在曹操在打陶謙，所以陶謙求救，田楷身為公孫瓚封的青州刺史，就帶兵去救援陶謙，帶了誰呢？劉備軍團。此時劉備有多少兵力呢？史書記載：「時先主自有兵千餘人及幽州烏丸雜胡騎，又略得饑民數千人。」劉備有一千軍隊和一些烏丸混雜騎兵，然後又獲得饑民幾千人。這陣容都不像是去救援的，更像是需要被救援的。哪個征伐正規軍去救援一個州，只有一千兵和幾千飢餓的災民？這確定是一支援軍隊伍？有人說了，這不是劉備的全部吧？

注意看史料，「時先主自有」，當時劉備自己只有這些。

我們對比一下，一九三年劉備當平原相時，大手一揮，三個營的精銳軍隊去救援孔融。到了一九四年，平原國被袁譚占了，劉備被趕到齊國，自己手裡的兵力只有一個營，加一點烏丸混雜騎兵。

這時的劉備不僅缺兵，還少將，趙雲的兄長去世了，他要回老家辦喪事，沒跟劉備去徐州。當劉備見到陶謙後，陶謙表舉劉備為豫州刺史，這時幽州的田豫也以母親老了為理由，告別劉備回幽州了。

也就是劉備在徐州時代，失去了趙雲和田豫。趙雲回冀州了，田豫回幽州了。後來在官渡之戰時，劉備投靠了袁紹，回到了冀州，趙雲就在冀州，所以趙雲又跟了劉備。劉備後來再也沒回過幽州，所以再也沒遇到過田豫。

劉備在徐州時代的主力，只有他之前封的兩個別部司馬，關羽、張飛。所以袁譚的這次進攻對劉備的傷害很大，可以說是又打回原點了。

有人說了，劉備有這麼慘嗎？看演義怎麼沒感覺到？那我們再來對比一下演義。

正史裡，劉備是以別部司馬的身分跟隨田楷參加了三路聯軍圍攻袁曹，然後又數次戰袁紹軍有功，得到一個見習平原令的機會，然後升為平原相。

演義裡很簡單，劉備在討董之前，就被公孫瓚封為平原令了，在討董結束後，公孫瓚直接封劉備為平原相。演義大量簡化了過程，劉備參與三路聯軍圍攻袁紹和數次打袁紹軍有功都被省略了。

正史裡，太史慈找劉備要援軍，劉備派了三千精兵，太史慈帶著援軍到了，黃巾軍一看有援軍來了，就立刻撤退了。演義裡，也是讓關羽、張飛帶三千精兵去救援，但替關羽增加了戰功，讓關羽砍了包圍北海的黃巾軍領袖管亥。歷史上管亥沒死，而是跑了。

正史裡，劉備、田楷被袁譚擊敗，趕出了平原國，跑到了齊國。這一段演義裡沒有。

正史裡，劉備去救援徐州，只有一千兵和一點烏丸混雜騎兵，還有幾千飢餓的災民。但演義裡改為劉歆業帶了三千兵，趙雲又帶了兩千兵，一共五千兵去救援。歷史上趙雲根本沒跟劉備去徐州，演義裡改為趙雲也去了。歷史上的趙雲一輩子也沒去過徐州。

如今的劉備心情複雜，他該如何翻身呢？

第七章　劉備首次對抗曹操的策略是什麼？

從「腰」下手啊！《三國志．魏書．武帝紀第一》記載：「謙將曹豹與劉備屯郯東，要太祖。」這個「要」是通假字，通「腰」，就是攻擊曹操軍陣型的腰部。有人問了，劉備二十七歲不是跟三十三歲的曹操回過家嗎？他們倆感情那麼好，劉備怎麼能打曹操呢？劉備第一次打曹操，是在曹操第二次打陶謙的時候，這個時候劉備是陶謙軍，陶謙軍要反擊曹操。有人說了，劉備來幫陶謙，是來幫忙的，怎麼變成陶謙軍了？《三國志．蜀書．先主傳第二》記載：「既到，謙以丹楊兵四千益先主，先主遂去楷歸謙。」劉備一到徐州，陶謙就給了劉備四千丹陽兵，然後劉備就脫離了公孫瓚封的青州刺史田楷，脫離公孫瓚勢力，加入陶謙勢力。

有人說了，陶謙看上劉備什麼了？劉備是皇親國戚，是中山靖王之後啊！有人說了，中山靖王生了一百多個兒子，一百多個兒子在河北繁衍了三百年左右，中山靖王之後得有幾千人，劉備這皇親國戚有什麼好稀罕的。稀不稀罕不重要，重要的是陶謙表舉劉備當豫州刺史，曹操後來又表舉劉備當豫州牧，劉豫州這個稱呼就是這時得來的。

劉豫州代表什麼？按照廢史立牧的規則，西元一八八年開始，必須是皇親國戚或京官重臣才能當刺史州牧，劉備又不是京官重臣，朝廷認可他是劉豫州，只有一個原因，朝廷認可了他皇親國戚的身分。所以，別管中山靖王之後是幾千人，還是上萬人，這都不重要，朝廷承認了劉備是皇親國戚，世人就都得承認劉備是皇族，這是最重要的。

有人說了，陶謙為什麼看好劉備，明白了。那劉備怎麼能因為四千兵就被收買了呢？怎麼能因為四千兵就背叛他的師兄公孫瓚了？這個話題複雜了。劉備為什麼背叛師兄公孫瓚，我覺得要徹底解讀這件事，還要看得廣一點，整體看一下逐鹿群雄之時到底發生了什麼？當時袁紹、曹操、劉表是一個聯盟；袁術、公孫瓚、陶謙是一個聯盟。在第一階段，袁術聯盟向袁紹聯盟發起猛攻。包括袁術派孫堅去打劉表；公孫瓚策劃第一次三路聯軍進攻袁曹；袁術策劃第二次四路聯軍進攻袁曹；公孫瓚與袁紹之間爆發界橋之戰、巨馬水之戰；還有陶謙進攻曹操，占領曹操地盤。這是第一階段，袁紹聯盟捱打階段。到了第二階段，是袁紹聯盟反擊階段。袁紹派兒子袁譚進攻青州，曹操反擊陶謙，都在這個階段。

其實這兩個階段，雙方打的都是有來有回，互有勝負，看不出誰有能力吃掉對方，算是實力相當。但就在第二階段，公孫瓚做了一件無奈的事。這件事就是在袁紹反擊階段時，袁紹的盟友幽州牧劉虞進攻公孫瓚，公孫瓚打敗並殺了劉虞。許多人罵公孫瓚是白痴，說公孫瓚如果不殺劉虞，他不會失敗。

其實怎麼說呢，袁紹拉攏劉虞是一招很高明的陽謀，因為劉虞是幽州牧，在隸屬關係上是公孫瓚的上司，而劉虞又一直千方百計地限制公孫瓚的發展，所以袁紹和劉虞一聯手，這遲早把公孫瓚整死，公孫瓚只會逐漸衰落下去。這招好比慢性毒藥，一點點弄死你。

但如果殺了劉虞會有什麼後果呢？可能有兩種，第一種：公孫瓚犯眾怒，你敢殺州牧，那州牧的下屬不跟你拚命？再者，你一殺州牧，你就成了反賊，本州一些想取代你的家族就有機會了。還有，劉虞和北方游牧民族關係好，劉虞開放了貿易，如果你殺了劉虞，關閉貿易，那北方游牧民族會不會來打你？第二種：劉虞並沒有大家想像的重要，死了就死了，沒人會為他出頭。以前公孫瓚一直在自己嚇唬自己，覺得劉虞不能動。但不動他，這個慢性毒藥遲早毒死自己。反正都是死，不如試一下。

當然，還有一種理解，有人認為劉備和劉虞都是皇親國戚，雖然公孫瓚是劉備的師兄，但公孫瓚殺了皇族的人，這就是反賊，他們不再是兄弟了。劉備趁著這個機會正好徹底脫離公孫瓚的勢力。

有人說了，劉備想跟陶謙可以理解，那陶謙看上劉備什麼呢？除了以前說的早年可能認識之外，除了劉備是皇親國戚，還有別的嗎？

還真有。

聊這個問題，那要反向思考，陶謙軍有什麼劣勢。陶謙軍的主力是丹陽山越，在長江以南，山越少戰馬，不善於騎戰。而劉備是從公孫瓚軍團出來的，公孫瓚軍最善長的就是騎戰，雖然劉備只帶了少量的烏丸混雜騎兵，但他會騎兵訓練和騎兵戰術，這足夠了。雖然劉備的主騎趙雲沒跟著來，但關羽、張飛、田豫現在都在這裡，他們可能對騎射、騎戰都有一定的經驗，這恰好彌補了陶謙軍的短處。

比如在曹操一打陶謙時，曹仁的騎兵軍團作為先鋒就很厲害，還擊敗了陶謙的將領呂由。現在有劉備了，讓他訓練山越兵打造騎兵團，下次就不怕曹仁騎兵軍團了，這就有作用。

還有一點，陶謙和袁紹、曹操不一樣，袁曹是反董卓起家的，站在朝廷的角度，他們是標準的反賊。朝廷並沒有封袁紹當冀州刺史，也沒封過曹操當兗州刺史。但陶謙不一樣，他的徐州刺史是朝廷封的，而且是一八八年封的，漢靈帝還活著的時候，廢史立牧時，跟劉虞同一個時代封的，這個刺史正統性非常高，就在一九三年，陶謙又派人去向漢獻帝進貢，雖然漢獻帝此時在李傕手裡，但那也代表了朝廷，朝廷加封陶謙為徐州牧、安東將軍，等於又認證了陶謙一把。所以他的正統性很強，他身為正統性很強的州牧，接收皇親國戚劉備，一把給劉備四個營的丹陽兵，其他人也說不了什麼，你不服氣，你是皇親國戚啊？你要是我也給你四個營，一下就堵住手下的嘴了。

原本只有一個營的劉備，現在有了五個營，也就是一個軍了，又是一軍統帥了，劉備守在郯縣，等待著建功立業的機會。

在曹操第二次打陶謙時，劉備給曹操來了點不一樣的。《三國志·魏書·武帝紀第一》記載：「復征陶謙，拔五城，遂略地至東海。」說曹操打了陶謙五座城，一口氣打到東海郡。五座城是哪五座不知道，只知道一口氣打到東海郡。曹操為什麼要打東海郡呢？因為陶謙的治所在東海郡的郯縣，看來曹操是來打陶謙的總部的。但史書裡接下來寫的是「還過郯」。就是打到東海郡，回過頭來，路過郯縣。這個表述就很奇怪了，曹操不是來打陶謙的總部郯縣嗎？他一口氣衝過了，郯縣在曹操背後了，曹操大軍調過頭來，面對的才是郯縣。

有人說了，那是先打掉郯縣的掎角啊，就好比要打襄陽，得先攻下樊城。這說明是曹操把郯縣的掎角攻下後，調過頭再來攻打郯縣。這個邏輯挺有道理，但我們注意看史料，史料寫的是「還過郯」，而不是「還攻郯」，是曹操掉過頭來往回走，路過郯縣，而不是掉過頭來往回走攻擊郯縣。這說明什麼？說明曹操是要調頭回家了，沒打算打陶謙的治所，只是路過而已。

為什麼會這樣呢？曹操估計沒啃掉掎角，失敗了，他估計自己也啃不下郯縣，就撤退了。那問題來了，為什麼曹操二打徐州，一上來就目標明確，直衝掎角去了？為什麼曹操沒打下來就立刻放棄了？我個人猜測，這是第一次打徐州時得到了教訓，自己總結的經驗。因為郯縣的東邊是徐州第一富豪，州府第一大吏，別駕麋竺的家鄉朐縣，他家共有佃戶、部曲上萬人，麋家組建個五千人的全甲精銳軍不成問題。所以曹操總結了經驗，不除掉朐縣麋氏這個大掎角，就不可能啃下郯縣，所以曹軍目標明確，入東海直奔麋家而來。

結果，激戰之時曹操的老家被呂布端了，曹操得立刻調頭回家，徐州得救了。就在曹操火急火燎要回兗州時，他路過郯縣城東，在行軍過程中，曹軍行軍陣型的腰部突然遭到攻擊。對，就是開頭說的，「謙將曹豹與劉備屯郯東，要太祖」。曹豹和劉備攻擊曹操軍陣型的腰部。曹操立刻反擊，打敗了劉備和曹豹，但估計曹軍也有一定的損失。

劉備和曹豹捅了曹軍的腰部一下，這在徐州得算英雄了。劉備獲得了什麼好處呢？陶謙上表推薦劉備當豫州刺史，駐守在豫州的小沛。這對於劉備是個高升，劉備從此成為省長級別。知道這個級別意味著什麼嗎？當時的軍閥都是各州的刺史、州牧，所以劉備這一次升官，在級別上等於和袁紹、曹操、公孫瓚、陶謙這一幫人一個級別了，再也不是別人的跟班了，終於當上一方諸侯了。所以這一步，意味著劉備自己成老闆了。別管大老闆小老闆，他自己是獨立的老闆了。

有人說了，陶謙這麼善良啊，簡直是大好人啊！殘酷的爭鬥中，不存在大好人，陶謙身為軍閥，他這麼做，有他自己的目的。你必須了解這個人遇到的危機，你才能明白他為什麼冒充大好人。那陶謙遇到的危機是什麼呢？其實所有主公都面臨一個本地人和外地人的麻煩。比如曹操，他為什麼被呂布端了老家？因為他沒處理好本地人和外地人的問題。曹操自己是豫州人，他帶著潁川士族、曹家宗室這些豫州人去了兗州，那對於兗州人來說，豫州人就是外地人，曹操重用豫州人，不夠重用兗州人，引發了以張邈、陳宮、高順為首的兗州人的不滿，曹操對這種不滿採取的是壓制手段，甚至還殺了兗州名士邊讓，這才導致曹操去打徐州時，兗州人扶植呂布做主公，要把曹操的豫州勢力趕出兗州。所以曹操聽說呂布端了自己的老家，趕緊退兵了。

陶謙其實遇到的問題一樣，他是揚州丹陽人，他帶著丹陽人到了徐州，對於徐州人來說揚州丹陽人就是外地人。陶謙打壓本地人，結果使本地人不滿，例如徐州名士張昭，直接拒絕與之合作。陶謙用不了本地人，只能把丹陽人當心腹，你身為徐州本地人，怎麼看這事？會不會更加令你仇視外來的陶謙勢力？兗州人想把曹操的豫州勢力趕走，徐州人也想把陶謙的丹陽勢力趕走。

但劉備的出現，使情況不一樣了。陶謙可以說，你們徐州人覺得自己高貴，你們比皇親國戚還高貴嗎？皇親國戚都願意當我的下屬，你們憑什麼不願意？同時，陶謙需要扶植一個新勢力，來制衡徐州士族。這和劉表的情況很像，劉表也需要扶植一個新勢力來制衡荊州士族。所以陶謙選擇把劉備當藩屬，來制衡徐州士族。所以劉表選擇把張繡當藩屬，來制衡荊州士族。後來劉備接替了張繡，成為劉表的新藩屬。

那既然要當藩屬，就要有自己獨立的地盤，這點很重要，臧霸、太史慈、張繡、士燮這些藩屬都是有自己的獨立地盤的。

有人說了，徐州士族傻啊，怎麼會允許陶謙建立出一個這種勢力的藩屬來制衡自己？這就得師出有名了。陶謙說，我讓劉備駐紮在小沛，當門板防禦曹操，誰有意見？誰有意見誰去當門板！劉表說，我讓張繡駐紮在南陽，當門板防禦曹操，誰有意見？誰有意見誰去當門板！孫策說，我讓太史慈駐紮在豫章北部，當門板防禦劉磐、黃忠，誰有意見誰去當門板！

這樣藩屬就建立起來了。而且劉備是皇親國戚，可以直接推薦當豫州刺史。注意，是豫州刺史，不是徐州刺史。劉備駐守的小沛是豫州的，不是徐州的。大部分人都以為小沛是徐州的，其實不是。而且小沛其實就是沛縣，劉邦的老家，讓劉邦的子孫當豫州刺史，駐守在劉邦的老家，是不是天經地義？這就是陶謙的操作。

陶謙扶植劉備當藩屬來平衡局勢，這是一招很高明的棋。劉備的皇族血脈能堵住徐州人的嘴。而且此時劉備處於谷底，是我陶謙把你扶成刺史，你不得感恩戴德嗎？

所以大家看，陶謙這個行為，是為了提拔劉備而提拔劉備嗎？非也，他是在救自己，不然兗州大崩潰的曹操就是他的榜樣。兗州人能扶植呂布換掉曹操，徐州人就不能也扶植別人換掉他陶謙嗎？當然可以，也許此時，徐州人就在思考這個問題。我們扶植誰來換掉陶謙呢？就在徐州人正思考對策的時候，陶謙突然病危了。徐州人盤算著，接下來會是什麼局勢？陶謙有兩個兒子，他會傳位給大兒子，還是小兒子呢？無論哪個兒子，都是揚州丹陽人，都是江外人，他們重用的還是丹陽山越人。一定要趁這個機會壓制住新主公，不能讓陶謙的兒子帶著丹陽山越人再次壓制徐州人。這個想法很正常。比如劉焉帶著東州派壓制益州本地人，劉焉死後，益州人也不想讓劉焉的兒子帶著東州人繼續壓制益州人。各州本地人的想法都是一樣的。本地人對付陶謙的兒子和這群丹陽人，就已經夠費力了。結果陶謙臨死前說了句話，把豫州刺史劉備弄來，徐州非劉備不可安也。

這句話表面上的意思是，曹操可能還會來打徐州，只有劉備能對付曹操，必須把劉備弄來，徐州才能安定。陶謙的潛臺詞是，把劉備弄來輔佐我兒子，相當於我兒子是皇帝，劉備是丞相，我對劉備有大恩大德，他一定會忠誠於我兒子，有劉備輔佐，我兒子一定還能繼續壓制徐州人，徐州人翻不起浪來。如果劉備不來，在我死後，我兒子帶丹陽人在徐州，很可能被這些徐州人弄死。陶謙的這句「非劉備不能安此州也」被後世許多人誤解為，陶謙要讓劉備接替自己成為徐州之主。這是一種錯誤的解讀。袁紹死了，接班人是袁紹的兒子；曹操死了，接班人是曹操的兒子；劉表死了，接班人是劉表的兒子；劉焉死了，接班人是劉焉的兒子；孫策死了，接班人是孫策的弟弟。所以陶謙這句話的意思，是讓劉備來輔佐他兒子，不是讓劉備來當徐州之主的。但結果就是劉備當了家，陶謙的兩個兒子沒當官，後來是死是活也沒記載。

有人問了，為什麼會這樣呢？其實邏輯很簡單。麋家、陳家等人如果遵守陶謙的遺囑，讓劉備來輔佐陶謙的兒子，那他們集團就還是個丹陽山越集團，會繼續壓制徐州人。但如果麋家、陳家他們歪曲陶謙的話，說陶謙把位子讓給劉備了，那劉備當了徐州之主後，還會重用這幫丹陽山越人嗎？當然不會。這樣丹陽山越人就無法再壓制徐州人了。相反，劉備才來徐州一年左右，沒有根基，許多權力會落入以麋家、陳家為首的徐州人手裡，劉備只是他們操控的木偶。一系列操作行雲流水，丹陽人還沒反應過來呢，劉備已經是主公了，陳群立刻寫信給袁紹，潛臺詞是：我們徐州勢力跟袁紹派系合作，不再和公孫瓚、袁術派系合作了。所以徐州不僅僅是姓陶還是姓劉的問題，而是徐州換旗子了，從公孫瓚、袁術勢力的地盤變成了袁紹、曹操、劉表勢力的地盤。以陶謙兩個兒子還有曹豹、沈耽為首的這些丹陽人傻了，我們壓制了徐州人這麼多年，現在徐州人得勢了，會來報復我們嗎？我們在徐州該怎麼活下去？

第八章 劉備的號召力究竟有多強？

西元一九六年，劉備「複合兵得萬餘人」，這把呂布嚇壞了，因為劉備的號召力非常強。官渡之戰前，劉備打下曹操的徐州，「郡縣多叛曹公為先主，眾數萬人」。幾萬人反叛曹操，支持劉備。這把曹操嚇壞了，他先放下袁紹不管，親自來打劉備。官渡之戰時，劉備打許都，好幾個縣反叛曹操，支持劉備。這又把曹操嚇壞了，他從前線把主力曹仁調回來，趕快打劉備。官渡之戰後，劉備到了荊州，「荊州豪傑歸先主者日益多」。這把劉表嚇壞了，也是暗中防著劉備。赤壁之戰後，雷緒率兵卒及其家屬數萬人投奔劉備。這就是劉備的號召力。

但是這種號召力有時也會帶來麻煩，比如一九六年「複合兵得萬餘人」就出事了。

徐州換了旗子，惹怒了舊盟友袁術，他發兵來攻劉備，雙方相持不下。但就在此時，有人趁火打劫，襲擊下邳，這個人就是呂布。之前呂布偷襲曹操，後被曹操趕跑，呂布發覺徐州虛弱，便繼續發揮偷襲特長，趁機襲擊下邳。曹豹等人為了翻身，與呂布裡應外合，奪了下邳，趕跑了守將張飛，還俘虜了劉備的家人。劉備聽說丟了下邳，趕忙回救，但士卒早已無心戀戰，紛紛潰敗投降呂布。劉備只得帶著殘兵去攻廣陵，想找個落腳之地。這時廣陵已被袁術軍攻占，兩軍交戰劉備再敗，這一下劉備又回到了原點，他幾乎又一無所有了。再說丹陽人擁立呂布有功，以後的地位要壓過徐州本地士族，於是糜家迅速出手支援劉備，曹操也「雪中送炭」，這樣又使劉備軍恢復過來了。劉備又有了資本，便向呂布求和。呂布初到徐州地界，人生地不熟，他又暗中提防袁術，不願意四面樹敵，便同意了劉備的求和。雙方談判的內容並沒有記載，但劉備仍占據著下邳部分地區，他自己屯駐於小沛。

在說劉備之前，還要再說說袁術。自曹操挾持了天子，他可以天子的名義封官委任，當然表面上還是要走流程，需要地方官先舉茂才，朝廷再委任。就這樣曹操與劉備好像委任狀印刷機，兩人配合極好，一個舉茂才一個封官。如袁潭、袁渙都是劉備舉過的茂才，陳群、趙儼、杜襲有可能也是劉備舉薦的。這樣可更惹怒了袁術，眼看曹操挾天子胡亂封官，自己早晚要完蛋。

於是一九六年，袁術計劃要稱帝。但眼前，要拆了敵人的委任狀印刷機，得先除掉豫州的劉備，同時還要穩一穩自己的藩屬呂布。之前袁術跟呂布有個約定，袁術給呂布二十萬斛糧食，呂布當袁述的藩屬。但是袁術沒給那麼多，那呂布要不要履行約定，繼續當袁術的藩屬呢？所以兩人之間的關係若即若離，存在很多不穩定因素。袁術心裡也明白，他現在要除掉劉備，這時候需要用呂布這個藩屬。那怎麼辦呢？有人說，那你把二十萬斛糧食補齊，約定不就生效了嗎？但袁術不這麼想，這就不是大老闆的做事風格，把二十萬斛糧食補齊，這誰不會，就這本事嗎？掏錢解決問題算什麼本事？

袁術決定讓兒子迎娶呂布之女，要與之聯姻。袁術什麼家庭？四世三公的家庭！呂布當即同意。袁術一看，一分錢沒花，這我放心了。於是派紀靈領三萬大軍去攻打劉備。

三萬大軍打小沛啊，這夠劉備受的。劉備扛得住嗎？扛幾下行，久了肯定扛不住，紀靈正打劉備呢，突然，呂布來了，帶著一個營的步兵和兩百騎兵就過來了。

紀靈納悶了，這是做什麼來了？我帶三萬人打劉備，你帶這麼點人來支援我？你是來當觀眾的？

呂布在離小沛西南一里的地方紮下營寨，派人請紀靈去喝酒。

紀靈當時可能尋思：這是提前擺慶功宴嗎？

結果紀靈一去，傻眼了，劉備也在，這是什麼情況？這是慶功宴還是鴻門宴？不是剛說好跟我們家主公聯姻的嗎？這準親家玩什麼把戲？

呂布說大家別緊張，我們開個宴會，喝喝酒，吃吃飯，聚聚。

呂布對紀靈說，「玄德，布弟也」。這是史料原話。

很多人看到這裡不禁要發問，呂布不是小帥哥？劉備不是一把鬍子的賣草鞋老頭嗎？在年齡上，劉備能是呂布的弟弟？

其實，呂布年齡比劉備大，大幾歲不確定，估計大兩到四歲。

呂布繼續說，今天我弟弟被你們圍困，所以我來救他，下面是呂布的名言，「布性不喜合鬥，但喜解鬥耳」。

於是呂布命令手下在營門中舉著一支戟，呂布說，大家看我射這個戟的小支。注意，這裡要說一下。

第一，這個戟是普通的戟，不是呂布自己用的戟，許多人以為射的是呂布的方天畫戟，其實不對。

第二，這個戟也不是方天畫戟，漢末三國沒這個武器，這個戟是卜字戟。許多人以為呂布射的是方天畫戟，認為是一箭穿過那個戟上的小孔。其實射的是卜字戟的這個短橫。

呂布說，如果我一箭就能射中短橫，你們雙方就和解，如果我射不中，你們繼續戰鬥。然後呂布就射中了，所有人都驚訝，說「將軍天威也」。

正史裡沒說射戟的距離多遠，是百步啊，還是多少步，沒提，誰也不知道。

大家說呂布是「將軍天威」，反過來就是天威將軍。估計羅貫中覺得這個名詞很帥，就用在馬超身上了，演義裡替馬超冠了一個神威天將軍的名號。所以，歷史上馬超沒有神威天將軍這個名號，只有呂布是「將軍天威」。

就這樣，呂布成功了。

史書記載，「明日復歡會，然後各罷」。

有人問了，這呂布怎麼想的，偷襲下邳打劉備的是他，現在跑來救劉備的也是他。

關於這一點，史料記載得很清楚。

「術遣將紀靈等步騎三萬攻備，備求救於布。布諸將謂布曰：『將軍常欲殺備，今可假手於術。』布曰：『不然。術若破備，則北連太山諸將，吾為在術圍中，不得不救也。』」

如果劉備被袁術擊破，那袁術就會向北去聯盟泰山諸將，誰是泰山諸將？臧霸、孫觀、吳敦、尹禮、昌豨。

所以呂布很擔心袁術和臧霸聯手，這對自己非常不利。

我們回看史料裡的這句話，「術遣將紀靈等步騎三萬攻備，備求救於布」。

劉備為什麼向呂布求救？為什麼認定呂布會來救他？

就是因為呂布是拿劉備當門板用的，用他來堵袁術的，所以呂布不能讓劉備死了，呂布和劉備是個很微妙的關係，既需要劉備活著，當門板，能堵住門，成為緩衝帶，又不能讓劉備變強，否則呂布就被劉備吃掉了。

這個關係眼熟嗎？赤壁之戰後，孫權對劉備也是這個關係，孫權要拿劉備當門板，堵住門，擋曹操，成為緩衝帶，劉備不能太弱，弱了當不了門板，所以借部分荊州地盤給劉備，又不能讓劉備太強，太強了自己打不過，所以劉備擁有益州後，就找劉備還部分荊州地盤。劉備不給，孫權立刻派呂蒙偷襲三郡，然後湘水劃界。

還有個反例，就是劉璋，他也是拿劉備當門板，堵住門，擋曹操和張魯，成為緩衝帶，他也是不能讓劉備太弱，否則擋不住，也不能讓劉備太強，否則他打不過。結果劉備到了葭萌關，沒有立刻去打張魯，而是「厚樹恩德，以收眾心」。劉備開始收買人心，變強了。但劉璋人在成都，距離太遠，劉備變強了，他不知道。最後被劉備吃掉了。

劉表的做法是「表疑其心，陰禦之」。劉表怕劉備做大，暗中防著劉備。

所以我們來總結一下劉備使用法則：一、劉備是個藩屬，作用是堵門。二、不能讓劉備太瘦弱，否則堵不住門。三、也不能讓劉備太強，他一旦長壯了，就要削弱他，否則他能要你死。

那回到一九六年，呂布正在使用劉備，他使用的怎麼樣呢？一、他用劉備堵門，擋住袁術去北聯合臧霸的可能性，他成功了。二、劉備是不是太瘦弱，不能堵門呢？呂布很擔心，因為紀靈帶三萬兵來，劉備再怎麼強壯，也擋不住三萬大軍。三、那劉備會不會太強壯，咬死呂布呢？呂布一開始是不擔心這個問題的，他認為劉備的成長速度不會太快，結果他錯了。回到這章的標題，劉備的號召力有多強？

一九六年，劉備「複合兵得萬餘人」。劉備隨隨便便招兵一萬，把呂布嚇壞了。怎麼會隨便招兵就招一萬，怎麼做到的？幸虧紀靈來打劉備，呂布來看了一眼，否則他都不知道劉備能隨隨便便就招兵一萬。不行，必須削弱他，把他打瘦回去，替他減減肥。然後史料就出現了神奇的一幕，按《資治通鑑》的行文順序來看，上句話還是轅門射戟，又設酒歡宴，然後各自班師。下句話就是「備合兵得萬餘人，布惡之，自出兵攻備」。

劉備又一次被打敗了，他失去了小沛，又沒有城池了，再次帶著流浪軍團上路。

這是劉備第六次回到原點了。換成你，你能經得起幾次？

這次失敗後，「先主敗走歸曹公」。劉備投奔曹操去了。

曹操對此的態度是：「曹公厚遇之，以為豫州牧。」

曹操給兵給糧，對劉備大力支持，讓他向東去打呂布。史書記載：「給其軍糧，益與兵使東擊布。」

劉備有兵有糧要打回小沛，那呂布是什麼態度呢？

一、呂布嚇得被動放棄小沛，狼狽逃回下邳。

二、呂布本來也沒打算占著小沛，主動放棄小沛，回到下邳。

三、呂布堅守小沛，劉備打下小沛，呂布逃走。

四、呂布堅守小沛，劉備沒打下小沛，只能駐紮在沛縣地界內。

大家覺得哪種可能性大呢？

由於史料沒有寫具體過程，所以這些細節我們不得而知。但我個人更偏向於第二種可能，呂布主動放棄，因為呂布之前打劉備的目的，並不是為了消滅劉備，消滅了劉備，誰堵門呢？呂布只是覺得劉備太壯實了，削弱一下劉備，讓劉備減減肥罷了。現在劉備雖然回來了，但已經沒有之前壯了，那就還讓劉備繼續堵門，等劉備一年或大半年後又長壯了，再替劉備減個肥。

那我們看一下這一段歷史與演義的區別。

演義說是曹操以漢獻帝的名義命令劉備去打袁術。

其實歷史上，是袁術要搶回徐州，主動去打劉備。而且他打劉備，也是主動想滅掉劉備，除去袁紹、曹操勢力的這個羽翼。

再看演義，袁術的手下獻計，說給呂布糧食金帛，讓他按兵不動，袁術好滅劉備。而歷史上是袁術之前答應給呂布二十萬斛糧食，但沒兌現，呂布因此動搖了，袁術去聯姻，呂布雖然答應，但並不信任袁術，所以袁術打劉備，呂布來救。演義改為，呂布出爾反爾，收了錢糧卻不守信用。明明是袁術不守信用，演義改為呂布不守信用。

演義說袁術派紀靈為大將，雷薄、陳蘭為副將，進攻小沛。正史裡只說派紀靈，沒說派雷薄、陳蘭為副將。

演義說呂布擺了酒宴，紀靈來了，一看見劉備在，調頭就走。呂布向前扯住紀靈之臂，如提童稚。正史裡沒這段記載，這也屬於補充細節。

然後歷史上劉備招兵一萬，被呂布擊敗，劉備逃向曹操，曹操替劉備補充兵力，給劉備糧食，封劉備豫州牧，讓劉備重回小沛，演義裡徹底沒寫這一段。我個人猜測，如果寫出這一段來，對塑造曹操奸詐壞人的形象不利，這麼一寫，讀者會迷惑，曹操不是個壞人嗎？所以為了曹操的反面形象設定，這段徹底放棄，而且這樣也少寫一場劉備的戰敗，對劉備的形象有好處。

回到歷史，對於劉備而言，風雨飄搖的一九六年終於過去了，那一九七年又會發生什麼事？

第九章 劉備是否擅長設局如「鴻門宴」？

當然是啊！西元一九七年，劉備擺鴻門宴殺了前大將軍韓暹和前車騎將軍楊奉。五年後，劉備又擺鴻門宴殺了劉璋的將領楊懷。

那劉備是怎麼斬前大將軍韓暹和前車騎將軍楊奉，又為什麼要斬殺他們呢？韓暹和楊奉原是黃巾軍餘部白波軍將領，後歸降朝廷，因二人保護漢獻帝有功，分別被封為大將軍和車騎將軍。再後來曹操把漢獻帝騙到許縣，又攻擊二人大本營，大本營守將徐晃投降了。二人只能帶兵逃跑，去投靠袁術，結果又被呂布策反了，從此幫著呂布打袁術，但呂布自己糧食也少，養不起韓暹、楊奉。那這兩人的軍隊吃什麼呢？按《後漢書・卷七十二・董卓列傳第六十二》記載：「遂縱暴楊、徐間。」就是在揚州、徐州之間搶糧食。按《三國志・蜀書・先主傳第二》記載：「楊奉、韓暹寇徐、揚間。」還是在揚州、徐州一帶劫掠。按《英雄記》記載：「布令韓暹、楊奉取劉備地麥，以為軍資。」說呂布讓他們去搶劉備的麥子。有人說了，呂布怎麼又欺負劉備？

之前說過，呂布把劉備當門板，不能太弱，弱了堵不住門，也不能太強，太強了呂布打不過。去年，因為劉備招兵一萬，呂布覺得劉備長胖了，得揍劉備一頓，替劉備減個肥。到今年一九七年了，劉備是不是又長胖了呢？呂布決定把劉備的糧食搶走，讓他少吃點，減減肥。那劉備接受這個方案嗎？

《三國志．蜀書．先主傳第二》記載：「先主邀擊，盡斬之。」按陳壽的寫法，是劉備率領軍隊進攻，憑軍事實力除掉了敵人。

如果大家接受《三國志》的觀點，那這是現有史料裡，劉備軍第一次獨立進攻，並斬殺敵首大獲全勝。之前和校尉鄒靖打黃巾軍，跟大將軍府毌丘毅打下邳賊，都是跟正規軍蹭經驗。當平原相時救北海，劉備軍一去，黃巾軍就跑了。剩下的都是敗仗。只有這次，是「盡斬之」。最關鍵的是斬的是大漢前大將軍和前車騎將軍，這應該是劉備軍擊殺的級別最高的兩個敵將，第三名就是大漢征西將軍夏侯淵了。有人說了，不對啊，不是開頭說除掉他們是在鴻門宴上嗎？怎麼變成正面作戰了？正面作戰，是陳壽說的。但《後漢書》說不是，說是「左將軍劉備誘奉斬之。暹懼，走還并州，道為人所殺」。這裡先不討論韓暹是誰殺的，史料記載有分歧，我們注意前一句裡這個誘惑的誘字，是劉備先引誘，而後斬之。有人說了，那不衝突啊，引誘也可以是在正面戰場上啊！劉備去打頭陣，假裝撤退，然後前車騎將軍就來追，結果進入了關羽、張飛的埋伏圈，被「盡斬之」了。這不衝突啊！但是，裴松之又說話了，他引用《英雄記》的記載，說「備誘奉與相見，因於坐上執之」。說劉備引誘楊奉與他見面，然後在酒席上抓了楊奉。

所以發現沒有，《英雄記》和《後漢書》是沒有衝突的，都是劉備引誘楊奉，一個寫斬之，一個寫座位上抓了。

那這和陳壽寫的有衝突。後人是怎麼看的呢？史學家司馬光不相信陳壽，他相信《後漢書》和《英雄記》，他的記載也是韓楊二人劫掠徐州、揚州之間，然後軍隊飢餓，他們辭別了呂布。這裡又不一樣了，《英雄記》記載是呂布派他們搶劉備的麥子。但司馬光寫的是他們不願意跟呂布混了，告辭了。當然，這兩處其實也不衝突，可以先是呂布派他們去搶劉備的麥子，估計還是吃不飽，他們就告辭了。他們要去哪裡呢？司馬光記載他們要去投靠荊州的劉表，但呂布不同意。呂布不同意，他們可能走不了，司馬光又記載楊奉知道劉備和呂布有矛盾，於是私下與劉備見面，打算一起攻擊呂布。劉備假裝同意了，楊奉帶著軍隊來到小沛，劉備請楊奉進城，飲食未半，在座位上就把楊奉捆了，然後斬了。

對比《三國志》、《後漢書》、《英雄記》來看，司馬光加了好多細節。楊奉要投靠劉表，呂布不同意，楊奉祕密聯盟劉備，要一起打呂布。這些內容都是那三本書裡沒有的，不知道是司馬光自己編的呢，還是他有什麼其他史料，後來失傳了，只是當時他見過，現在我們沒見過，這都有可能。

有人說了，那按這麼說，《後漢書》、《英雄記》、《資治通鑑》都和陳壽寫的不一樣，那是陳壽錯了嗎？

我有一個設想，站在不否定任何史料的角度，能不能組合一下呢？

先是按《英雄記》記載的，呂布派前大將軍和前車騎將軍去搶劉備的麥子，然後按《三國志》記載的，先主攻擊他們，他們逃回去了。因為沒搶到糧食，在徐州吃不飽了，呂布又養不起他們，於是準備去投靠劉表。這就和司馬光說的對上了，繼續按司馬光的理解，呂布不同意他們走，然後楊奉就暗中聯繫劉備，要和劉備一起打呂布。接著，按《英雄記》記載「備誘奉與相見」，再按《後漢書》記載，「左將軍劉備誘奉」，然後按司馬光說的，楊奉帶兵到了小沛，劉備讓楊奉進城，吃飯吃了一半，又按《英雄記》說的「因於坐上執之」，最後，按陳壽說的，「盡斬之」。

當然，如果你說只相信陳壽，這就是劉備軍正面作戰，大獲全勝，沒有這麼多的情節，我覺得也可以。因為這都是史書寫的，哪種理解都沒錯。

有人問了，殺掉楊奉二人對劉備有什麼好處嗎？別忘了，這兩人是帶著軍隊來的，疑似是之前的白波軍。白波軍可是作戰經驗豐富，有一定戰鬥力。

那這些白波軍現在歸誰了呢？很可能歸劉備了。

那麼請問，現在誰最難受？當然是呂布啊，因為此消彼長，劉備軍又壯大了。呂布怎麼辦呢？呂布的第一反應是要罵人。

對，你沒聽錯，罵人，他讓袁渙寫文章罵劉備。

袁渙是誰呢？有人說了，是不是袁紹家的？之前說過劉備舉袁譚和袁渙為茂才。當時豫州有兩家姓袁的，一個是汝南袁氏，一個是陳郡袁氏，其實汝南袁氏是從陳郡袁氏裡分出來的，也就是說這兩家袁家老祖宗是一家人，但現在不算一家人了。我們光知道汝南袁氏四世三公，其實陳郡袁氏也了不得。袁渙的太爺爺叫袁良，當過廣陵太守。袁渙的父親位列三公，是司徒。袁渙未來在曹魏做到諫議大夫、郎中令。袁渙的幾個堂兄弟也都很有才幹。

當初劉備舉袁渙為茂才，在自己手下當吏，估計下一步曹操就要封官了，但袁渙沒看上曹操、劉備，去投靠汝南袁氏的袁術了。

後來袁渙被呂布俘虜了，成為呂布的人，呂布現在逼著他寫文章罵劉備。

有人說了，這有什麼用？袁家人在豫州是很有分量的，現在前司徒的兒子，而且是劉備舉過茂才的，如果大罵劉備，這也許能削弱劉備在豫州獲得的支持。結果袁渙堅決不寫，呂布也沒辦法。呂布罵人計畫沒成功，但劉備可沒閒著，他可能現在真的比呂布壯了。到了第二年，一九八年，劉備做了件有趣的事，《英雄記》曰：「建安三年春，布使人齎金欲詣河內買馬，為備兵所鈔。」呂布花錢買馬，被劉備軍給劫了。這是公然挑釁呂布。結果呂布忍不了，派「中郎將高順、北地太守張遼等攻備」。高順、張遼出場了，劉備再次陷入劣勢。

於是劉備向曹操求救，曹操派夏侯惇來救劉備。

夏侯惇不善於作戰，所以一般情況下，曹軍是不會讓夏侯惇出戰的，夏侯惇的定位是守將，不到萬不得已，不需要他出戰。簡單點說，夏侯惇的看家本領就是看家。但為什麼曹操要派一個作戰能力一般的人來救劉備呢？因為當時曹軍正與劉表交戰，實在抽不出人來。有趣的是，夏侯惇人生中兩次被動作戰都是因為劉備。一次是這次，沒有人能去救劉備，只有夏侯惇了。另外一次是博望之戰，劉備要奇襲許縣，曹操在打袁家回不來，只得派後方的夏侯惇去攔截。

就是說，救劉備，沒人了，夏侯惇上。堵住劉備，沒人了，還是只能夏侯惇上。最有趣的是，救劉備，夏侯惇挨頓打，被高順、張遼擊敗。堵劉備，還是挨頓打，夏侯惇中了劉備的埋伏。

《三國志．蜀書．先主傳第二》記載：「布遣高順攻之，曹公遣夏侯惇往，不能救，為順所敗，復虜先主妻子送布。」

倒楣的不光是夏侯惇，還有劉備的老婆孩子，這次是被高順俘虜了，高順把劉備的老婆孩子交給呂布。劉備軍又戰敗逃亡了，這是有史料記載的，劉備第七次戰敗。

我們來對比一下歷史和演義的區別。演義虛構了一個大聚會，說曹操喊著孫策、呂布、劉備一起來打袁術。這個正史裡沒有。

然後歷史上是一九八年，劉備劫掠呂布的馬，演義把這件事放到了兩年前，就是呂布第一次打小沛的時候，讓呂布第二次打小沛的導火線變成了演義裡呂布第一次打小沛的導火線。因為歷史上呂布第一次打小沛，是因為劉備招了一萬兵，在小說裡，無法講明白為什麼劉備招一萬兵呂布就得打他，所以就移花接木，把第二次的理由放第一次了。然後細節上改為是張飛私自做的，劉備不知道，虛構了張飛和呂布單挑打了一百多個回合，再虛構說劉備指責了張飛，把劫掠呂布的馬還給了呂布。這一段和打督郵的創作手法是一模一樣的。歷史上是劉備打督郵，演義改為張飛打的，劉備不知道。劫馬也一樣，歷史上是劉備劫的馬，改為張飛劫的，劉備不知道。歷史上劉備打算殺了督郵，演義改為劉備來救督郵。歷史上是劉備主動劫的馬，應該是故意氣呂布，沒說馬又還給了呂布。演義改為是劉備指責了張飛，把馬還給呂布。

有人說了，那演義把第二次的理由放第一次，那第二次怎麼辦？

演義編了一個，說曹操計劃聯合劉備一起打呂布，但信使被陳宮打獵時無意抓住，獲得密信，呂布惱怒，要同時進攻曹操和劉備。

這一段是杜撰，歷史上是劉備主動劫馬挑釁，導致呂布打他。演義裡變成了曹操要帶劉備打呂布，呂布得知後要打曹操，順帶打劉備。

歷史沒有戰爭細節，演義合理補充了，這裡還增加了關羽和張遼的感情線，為未來做伏筆。

回到歷史，劉備第七次戰敗了，逃到梁國地界，再次成了沒有城池的流浪軍團，而且老婆孩子還在呂布手裡，劉備該怎麼辦呢？

第十章 劉備是否曾與曹操一起參與屠城？

西元一九八年十月，「備於梁國界中與曹公相遇，遂隨公俱東征」，「冬十月，屠彭城」。這是曹劉聯軍滅呂布的戰爭，在打下邳之前，先屠了呂布軍的彭城。那麼問題來了，這是曹劉聯軍一起屠城嗎？從現有史料來看，很有可能是這樣。曹劉在梁國相遇，成為聯軍，一起打到彭城，屠彭城，然後一起打到下邳，滅呂布。有人說了，不對，劉備是仁德的，不會屠城。

由於史料模糊，缺失細節，我們只能推測。

聽說曹劉聯軍到了彭城，陳宮對呂布說，你趕快去救彭城，曹操長途跋涉，軍隊疲憊，我們以逸擊勞，無不克也。呂布則認為不如等曹操打到下邳來，把曹軍都趕到泗水裡淹死。注意，此時陳宮和呂布的觀點發生了衝突，陳宮要求呂布去救彭城，呂布不去。那結果就是

「屠彭城，獲其相侯諧」。然後曹劉聯軍進攻下邳了，那是誰當先鋒對呂布發起攻擊呢？

有人說，那肯定是曹軍。

有人說，也可能是劉備軍。非也非也，都不是，先鋒是陳登軍。是的，你沒有聽錯，徐州大士族陳登。有人說了，陳登怎麼會在這裡？他加入曹軍了？史料記載：「太祖到下邳，登率郡兵為軍先驅。」就是廣陵太守陳登帶著廣陵郡的兵來當先驅。這說明陳登已經叛變呂布，並回頭攻擊呂布了。

此時如果你身為下邳城裡的呂布軍是什麼感受？先是聽說彭城被屠，很擔心下邳也被屠。然後突然看見陳登造反，還帶兵來攻城，下邳城裡的世家大族們一看陳登反了，都懂了。有人問，懂什麼了？陳登是徐州士族之首，他反了，那徐州大大小小的世家大族們還支持呂布嗎？再有，陳登身為士族之首在為曹操賣命，那曹操擊破下邳後，還會屠殺下邳城裡的徐州世家大族嗎？當然不會了。

所以現在下邳城裡，出現了第一次分裂，城裡的世家大族們內心已經叛呂投曹了，只是嘴上不承認，承認就死了，表面上喊著與呂布共存亡，內心都在暗中幫助陳登。

情況就是這樣，陳登要圍城了，一旦圍城就圍而不赦了，為了整個下邳不被屠，也為了呂布自己的命，呂布只能出戰，阻擋陳登圍城。

史書記載：「布自將騎逆擊。大破之，獲其驍將成廉。」

這個大破之，是呂布被大破之，他的驍將成廉成了俘虜。

呂布只能退到城裡，然後陳登帶兵合圍了下邳，並每日急攻。呂布站在城頭，對曹軍大喊：「卿曹無相困，我當自首明公。」這句話許多人翻譯成「曹操你別圍困我，我自首投降」。其實翻譯的邏輯都不對。什麼叫「無相困」？許多人理解為不要圍困我。其實不是，應當翻譯為就當沒有圍困我。意思是現在陳登軍已經圍城了，按曹操的規矩，圍而不赦，整個下邳的人都要死。呂布說，可不可以就當沒有圍城，我來自首。其實如果真是這樣，是個不錯的結果，呂布把自己綁了，投降曹操，整個下邳全城人活命了，這個結果真的很不錯。但有人不同意，誰？陳宮！「陳宮等自以負罪深，沮其計。」以陳宮為首的兗州士族們之前背叛過曹操，知道曹操必定會殺了他們，否則曹操以後就沒法管兗州了。兗州士族們知道，城破了，徐州士族是曹操的英雄，并州軍團換個老闆繼續打工，但兗州士族活不了了。所以堅決反對，陳宮說：「若卵投石，豈可得全也！」你呂布以為投降了，下邳全城就安全了？你太天真了。

曹操定的圍而不赦，必須屠，現在已經圍了，你說當作沒圍，這能當作嗎？就算曹操口頭上說，可以當作沒圍，你呂布一去投降，他曹操還是會屠下邳的，你別傻了。

這是陳宮的邏輯。有人說了，我怎麼感覺陳宮是小人呢？好像做的一切不是為了呂布，而是為了他自己，或者說是為了以他為首的兗州士族們。就是這樣的，沒錯啊！呂布軍最大的問題就是呂布無法處理好并州軍團、兗州士族、徐州士族三方的關係，從而造成內亂，現在有陳登造反，之前還有郝萌造反，郝萌的同黨就是陳宮。有人說了，那不對啊，陳宮和高順都是兗州士族，為什麼陳宮參與謀反，而高順反而救呂布呢？

之前這群兗州人被迫離開兗州，跟著呂布到了徐州，內部逐漸出現分歧，一部分認為應該謀反；一部分認為應該相信呂布，只有繼續支持呂布才有出路。

那呂布該怎麼面對兗州士族們呢？陳宮謀反這事，呂布並沒有處置陳宮，因為不能處置，呂布如果動陳宮，那不就是徹底與跟隨他的兗州士族為敵了嗎？

主公要存活是需要制衡的，下面平衡了，穩定了，自己才能穩固。

所以呂布不能徹底放棄兗州士族，又要開始提防兗州士族，包括對高順都提防，他把高順的陣營交給自己的親戚魏續掌管，等需要打仗了，再把軍隊還給高順。對陳宮那更是處處提防，陳宮讓呂布去救彭城，呂布大腦裡翻譯過來就是，陳宮要把自己騙出城，好進行謀反。所以曹操剛到時，陳宮提出讓呂布帶兵出城，跟陳宮來個掎角之勢，這呂布能照做嗎？呂布的回答是，我老婆不同意。說老婆不同意，就是個不撕破臉的回答而已。但現在下邳城裡的人都要完蛋了，該怎麼辦？陳宮說，向袁術求救。有人說了，呂布跟袁術這種表面上的關係，袁術會理他嗎？如果是個武俠故事，講恩恩怨怨，那肯定不行。但歷史人物用的是政治思維，唇亡齒寒這個道理一目了然。呂布同意了，派自己的心腹管家秦宜祿去，其實這個人本來叫秦宜，他的身分是宜祿，宜祿是僕人、管家的意思。所以大家都叫他秦宜祿，他是老部下了，呂布殺董卓時他就參與了。秦宜祿帶人衝了出去，一路奔向袁術的地盤。

再說劉備軍從梁國遇曹操，直到擒呂布，這段時間，劉備軍具體做了什麼，任何史料都沒記載。屠彭城時，劉備軍在做什麼呢？陳登圍城時，劉備軍做什麼呢？水淹下邳時，劉備軍做什麼呢？都不知道。

我們繼續看曹劉陳聯軍打呂布。那袁術收到了求救消息是什麼反應呢？他派兵了，但戰敗，又退回來了。袁術只能聲援呂布，搖旗吶喊。有人說了，袁術是故意不想派兵吧？還真不是，他是現在太弱。他稱帝後眾叛親離，實力大減，他現在是真不行。與此同時，呂布的老同事張楊也想救呂布，但他距離太遠，也只能搖旗吶喊。呂布被困在下邳城裡，久久不見援軍，他決定最後一搏，帶軍隊出城交戰，卻又被曹劉陳聯軍擊敗，只得退了回去。這下下邳城裡的人心裡崩潰了，袁術沒來，交戰打不贏，這徹底完了。

有人說了，那怎麼辦啊？怎麼辦？背水一戰吧，破釜沉舟。反正死定了，敵人也不會赦免，那就跟敵人拚了。結果，奇蹟出現了，曹劉陳三軍久攻不下，打不動。這就是傳說中的置之死地而後生。這也是曹操圍而不赦方案的一個弊端，很容易向死而生。曹操圍而不赦的本意是迫使敵人早點投降，結果動不動就把敵人弄成硬骨頭了。五年後，曹操打高幹的壺關，也是一樣的問題，曹操揚言全部坑殺，卻把對方逼成硬骨頭了，曹操打不動，曹仁就說，你不能這麼打仗，圍城必須給敵人一條生路，否則敵人看不見希望，那不跟你拚命嗎？曹操轉變政策，不屠了，敵人反而投降了。現在下邳之戰，就遇到這個問題。史料記載：「攻之不下。時公連戰，士卒罷，欲還。」就是怎麼都攻不下了，打的時間久了，士兵不願意打了，曹操打算撤退了。是的，你沒有聽錯，曹操要退兵了。曹操要退兵，荀攸和郭嘉兩人反對，然後史料記載，曹操用了荀攸、郭嘉計謀，「遂決泗、沂水以灌城」。

我小學時一直覺得引水灌城是個不可思議的計謀，怎麼能做到控制河水去淹敵人呢？長大後才漸漸了解，水往低處走，無論怎麼操作，基本條件一定是城池在低處，水在高處，這樣水才能淹到城。我家在淮河邊，淮河一漲潮，水位就會高於城市，所以河堤非常高，河堤一旦斷了，那整個城市就都沒了。雖然我們不知道具體曹操是怎麼讓泗水、沂水灌入下邳的，但要達到水淹城池的效果，估計就是把堤壩鑿個大缺口，河水居高而下，把下邳城淹沒了。你看史料短短幾行字，可能毫無感覺，也不明白洪水的破壞力。水灌下邳的效果和屠城其實差異不大。而且是房倒屋塌，把整個城池全毀了。面對下邳軍的頑強反抗，曹操沒想過掘開堤壩嗎？也許想過，只是沒下這個決心。有人說，曹操都能屠城，還下不了這個決心？

屠城從來不是目的，逼迫敵人投降才是目的。現在曹操面臨兩個選擇：一，退兵，準備好了再來滅呂布。二，用水灌城，徹底毀了下邳。曹操屠了彭城，又來了一次水灌下邳，從此以後和徐州人就結下血海深仇了，因此曹家後來都無法實際統治徐州，只能交割青徐二州給藩屬臧霸管理。曹操下不了這個決心，但荀攸和郭嘉認為不能撤退，為什麼？因為之前曹軍被張繡、劉表擊敗，現在跑來打呂布，如果再敗，軍隊還有士氣嗎？許縣裡還軟禁著漢獻帝呢，如果你曹軍連續戰敗，會有其他人趁機來打許縣搶奪獻帝，那就更加一敗塗地了，可能曹軍永遠無法翻身了。而如果我們心一橫，淹了下邳，呂布滅亡，可以震懾各個諸侯，說不定騎牆派會投靠我們，比如張繡這種。同時許縣也更穩固。

面對這種情況，其實是徐州士族最吃虧，陳登是我們的首領，他都反叛了，都支持你曹操了，我們的人都在暗中配合曹操。結果呢？迎來了大洪水，房倒屋塌，死傷無數。我們是下邳城的世家大族，這毀的都是我們的房子、我們的樓，死的都是我們的佃戶、我們的門客、我們的族人、我們的老婆孩子。萬萬沒想到，我們首領陳登那麼賣力為你們曹軍作戰，結果城裡的我們迎來了一個這樣的結局。所以徐州人和曹操未來無法一起合作了。

再看并州軍團，我們是武人，打仗的，呂布帶我們跟董卓，我們就為董卓打仗；呂布帶我們跟王允，就為王允打仗；帶我們去兗州，跟兗州士族合作，那就跟兗州士族一起打仗。現在曹操來了，投降曹操，繼續為曹操打仗就是了，這就是以張遼為首的并州軍團的想法。結果兗州士族因為知道自己活不了，就不讓呂布投降，拉著我們陪他一起捱打，現在好了，大洪水進來，我們死傷無數。最壞的就是兗州士族。洪水更激發了呂布軍內部的矛盾。

於是侯成、魏續、宋憲等將領綁了陳宮和高順，打算開城門投降。

注意，這和我們的傳統印象不一樣。他們不是綁呂布，他們綁的是陳宮、高順兩個兗州士族首領。

為什麼他們不恨呂布，恨的是兗州士族？

因為呂布站在城樓上，看著左右說，你們砍了我的頭，去投降吧，這樣也許能保住你們的命，左右的將領們不忍心這麼做。

就這樣，下邳城門開了，呂布軍投降了。呂布、陳宮、高順等人被殺，張遼投降。

第十一章 劉備的兒子真的被拐賣過嗎？

劉備的老婆死過好幾個嗎？是的，先說劉備兒子被拐賣這件事。

西元二〇〇年，劉備反叛曹操，駐紮在小沛，曹操突然來打劉備，劉備沒管老婆孩子，就帶著核心成員跑了。估計劉備的兒子當時只有幾歲，見曹兵來了，就逃竄躲避，後來被一個人帶到漢中賣了。

二一一年，關中破亂，有個扶風人叫劉括，他避亂進入漢中，買到了劉備的兒子，問後知道是良家子，就收為養子，養大後替他娶了個媳婦，還生了個兒子，也就是劉備的孫子。

劉備的兒子與劉備失散的時候，雖然只有幾歲，但知道父親叫玄德，記得隔壁房間住的人姓簡，指的是簡雍。劉備作為劉璋的藩屬到益州後，劉璋派劉備去抵擋張魯，劉備就派遣簡雍去漢中與張魯交涉。劉備的兒子聽到了這個消息，趕忙跑到張魯府邸，要見簡雍，說自己是劉備的兒子，簡雍見到後一聊，發現說的事都對的上，就把這事告訴了張魯，張魯就派人把劉備的兒子送到益州去了。

這件事情是誰記載的呢?是魏國的史官魚豢，他怎麼知道這件事呢?因為二一五年，張魯投降曹操了，估計是聽張魯本人或張魯身邊的人說的。但劉備的兒子叫什麼呢?可能張魯身邊的人沒在意，魏國史官魚豢也不知道，所以不知道劉備的兒子叫什麼。二一九年，劉備立了個太子，估計魚豢會很感慨，原本太子應該是劉封的，劉備收劉封當過繼子的時候沒有兒子，過繼子視為親生子，劉封就是劉備的嫡長子。後來劉備的妾甘氏生了個叫阿斗的，他是庶子，理論上來說阿斗接不了班，劉備的接班人得是嫡長子劉封。

結果造化弄人，劉備竟然早年還有一個丟失的兒子，現在回來了，那麻煩了，人家是嫡長子，劉封最多是嫡次子，接班沒希望了。

後來，魚豢一問，劉備的太子叫什麼?別人告訴他，叫劉禪。

魏國史官魚豢以為原來那個被拐賣的劉備的兒子叫劉禪，就被記錄到《魏略》裡了。

劉禪是二〇七年生的，二〇〇年丟的那個孩子比劉禪大好幾歲呢，當然不是同一個人，只是魚豢以為丟失的大兒子是嫡長子，那上位的太子肯定是他，就想當然爾了。

現在我們詳細研究一下劉備的夫人問題。《三國志．蜀書．二主妃子傳第四》記載，劉備「數喪嫡室」。就是劉備死過好幾任夫人。看來當劉備的夫人是個高風險職業。有人說，不對，甘夫人怎麼就沒事？她跟了劉備那麼多年，還成功生了阿斗，她怎麼不危險？注意，高風險的是劉備的夫人。甘夫人又不是夫人，她只是個妾，她是因為生了阿斗，死後被追封為夫人。

因為劉備老是死夫人，所以甘妾「常攝內事」，攝是代理，內事是後宮之事。所以甘妾是以妾的身分，代為管理劉備的後宮。這叫內事無夫人，長妾攝之。

有人說了，那沒有夫人的時候，劉備為什麼不把甘妾扶正呢？你看曹操，他就把卞妾扶正了。

還有人說了，無所謂的，就是個頭銜而已。甘妾都攝內事了，就等於是夫人了。

非也非也，這個問題大了。因為曹操把卞妾扶為夫人了，所以曹丕、曹彰、曹植、曹熊就成了嫡子。否則他們全是庶子，庶子怎麼繼位啊？

劉備這邊也是一樣啊，甘妾是妾，那甘妾的兒子阿斗就是庶子，庶子怎麼繼位啊？反倒是之前的過繼子劉封，按法禮，現在是嫡長子。

後來劉備二一九年稱漢中王，封阿斗為王太子，到了二二〇年稱帝，把甘妾追封為「皇思夫人」，注意這裡是追封，甘夫人早就去世了。

我們回到卞妾和甘妾的問題：為什麼一個當夫人了，一個當不了？這跟劉備和曹操的需求有關係。

曹操最懼怕外戚強大，像丁家外戚，那太可怕了，所以特意扶正歌姬卞妾當夫人，因為歌姬背後沒力量。

而劉備恰恰相反，劉備娶的每個夫人，都是為了背後的力量才娶的。比如劉備在徐州時代，就娶了徐州別駕麋竺的妹妹。劉備在赤壁時代，就娶了孫權的妹妹。劉備在益州時代，就娶了東州派吳懿的妹妹。

無論這些妹妹好不好看，劉備都得娶，因為他娶的不是愛情，而是背後的利益。

這就解答了一個問題，為什麼甘夫人不能當夫人。

按史料記載，一九六年時，呂布抓了劉備的妻子，史書裡的妻子指的是正妻和孩子，也就是夫人和孩子。這個時候劉備的正妻是誰並不明確，我取個代號叫下邳夫人。

在此時，麋竺借這個機會，立刻把妹妹嫁給劉備，史料寫的很清楚：「竺於是進妹於先主為夫人。」當時的劉備還達不到帝王可以有多位夫人的規格，此時劉備只能有一個夫人，麋竺的意思是，劉備你的下邳夫人被呂布抓了，估計活不了，趕快娶我妹當夫人吧。

嫁妝是「奴客二千，金銀貨幣以助軍資」。

娶完後，劉備壯大了，後來劉備找呂布求和，呂布又把劉備的下邳夫人和孩子還給劉備了。

這下劉備有兩個夫人了，一個下邳夫人，一個麋夫人，但夫人只能有一個啊，劉備是怎麼處理的呢？史料沒有記載。

到了一九八年，劉備在小沛，呂布派高順、張遼打劉備，劉備戰敗跑了，高順抓住了劉備的夫人和孩子，然後交給了呂布。

那呂布此時獲得的是下邳夫人還是麋夫人呢？也不清楚。

後來曹操帶著劉備去打呂布，滅了呂布後，重新獲得了自己的夫人和孩子。

到了二〇〇年，劉備背叛了曹操，重新占了徐州，曹操來打劉備，劉備的夫人和孩子被曹操俘虜了。其中逃跑了那個被拐賣的兒子，那這次抓到的夫人是下邳夫人還是麋夫人呢？也不知道。

但注意，這次曹操抓到劉備的夫人和孩子，並沒有還給劉備的記載。演義猜測，在曹操放走關羽時，讓關羽帶著劉備的夫人和孩子一起走了，這是猜測，史料裡並沒有這麼寫。

再接下來，就是赤壁之戰後，劉備娶了孫權的妹妹，然後去打益州，孫權的妹妹劫持阿斗要回東吳，阿斗被趙雲、張飛劫回，孫權的妹妹自己回了東吳，等於主動放棄了她是劉備夫人的這個身分，所以劉備沒夫人了，劉備入川後，娶了吳懿的妹妹。

所以我們整體看一下，劉備先後有下邳夫人、糜夫人、孫夫人、吳夫人。按照史料寫的，「先主數喪嫡室，常攝內事。隨先主於荊州，產後主」。說明在劉備軍到荊州之前，劉備已經失去了好幾位嫡夫人。那失去的嫡夫人有誰呢？應該就有下邳夫人和糜夫人。有人說，不對，糜夫人是死在長坂之戰中的，那是劉備到荊州之後了。其實歷史上糜夫人什麼時候死的沒有記載，死在長坂之戰中是演義編的。

按照史料裡劉備到荊州之前「數喪嫡室」的記載，糜夫人極有可能在劉備到荊州前就沒了。

那就是劉備到荊州前，下邳夫人沒了，糜夫人沒了。

這應該不夠，「數喪嫡室」這個「數」字至少是三個或三個以上，不然不會用數次的數字，兩個都不叫數個，應該至少三個。

那我們分析一下劉備娶夫人的習慣，在徐州，需要徐州麋家力量，就娶麋家妹妹；在荊州南郡，南郡在孫權手裡，需要孫權的力量，就娶孫家妹妹；在益州，吳家是東州派首領，需要東州派力量，就娶吳家妹妹。

那劉備當高唐令的時候，有沒有可能娶過高唐夫人？當平原相的時候，有沒有娶過平原夫人呢？

那我們順一下。

劉備當高唐令，和高唐縣豪強聯姻，娶了高唐縣豪強的妹妹當夫人，然後被賊寇擊敗，高唐豪強妹妹沒了，劉備只得投靠公孫瓚。公孫瓚封劉備當平原相，劉備娶了平原國豪強的妹妹當夫人，袁譚擊敗劉備，把他趕出平原國，平原豪強妹妹也沒了；劉備到了徐州，在陶謙的安排下，娶了徐州豪強妹妹，是誰不知道，假設就是下邳夫人，這就連上了。後來下邳夫人被呂布抓了，劉備就又娶了麋家妹妹，劉備向呂布求和，呂布又把下邳夫人放了，劉備去小沛招兵一萬，呂布來打，劉備的下邳夫人沒了。然後曹操支持劉備，劉備回到小沛，呂布又來打，抓了麋夫人，劉備跑了，曹操支援劉備，一起滅呂布，救回了麋夫人。再後來劉備叛曹操，曹操打劉備，捉了糜夫人，沒還。

按這個邏輯，我們來數一下，劉備損失了高唐妹妹、平原妹妹、下邳夫人、糜家妹妹四個夫人，也符合史書記載的「數喪嫡室」了。

繼續看歷史，劉備被曹操擊敗逃走了，接下來怎麼樣了呢？

《三國志·蜀書·先主傳第二》記載：「五年，曹公東征先主，先主敗績。曹公盡收其眾，虜先主妻子，並禽關羽以歸。」「先主走青州。」資訊一，劉備投奔袁紹去了。資訊二，曹操俘虜了小沛城的劉備軍。資訊三，曹操抓了劉備的老婆孩子。資訊四，關羽投降。

袁紹聽說劉備來投，親自出城兩百里迎接。有人問了，為什麼給劉備如此高的接待規格？這是袁紹要給全天下人看，我厚待降將，我禮賢下士，劉備就是我的招人典範。

第十二章 劉備是否掌握「隱身術」或「遁地術」？

之所以開這個玩笑，是因為我被一個問題難住了。官渡之戰時，劉備帶人從袁紹軍地盤進入曹軍腹地，攻擊了許縣，然後又返回袁紹軍地盤，然後再進入曹軍腹地，達到汝南。這進進出出的，曹軍的防線是擺設嗎？劉備想來就來，想走就走，想去汝南就去，想打許縣就打，想回去還能回去，想再來還能再來。誰能向我解釋一下，除了隱身術或遁地術，還有什麼方法能做到？有人說，是不是古代防線不行，通訊也差，曹軍就是沒發現啊？但問題是，這件事是漢末三國裡獨一無二。有名有姓的人物，你找不出第二個能有這壯舉的。如果曹軍裡有人有劉備這能力，那他直接穿過袁紹軍，去打袁紹的鄴城不好嗎？

就像劉備能穿過來打曹操的許縣一樣。

有人說了，劉備進進出出的成功，會不會是巧合呢？

那我們再回看一個問題，劉備為什麼每次戰敗都能全身而退？這麼看，就不是巧合了，他如果能悄無聲息來去自由地潛入，那戰敗時安全逃跑，就沒什麼奇怪的了。

我們回看劉備的一些行為，找找破題的靈感。

劉備在與張純軍作戰時，曾經受傷裝死而躲過一劫，這說明什麼？說明劉備很機靈，而且會偽裝。

劉備夷陵之戰戰敗後，是走山路一路跑回去的，這說明什麼？說明劉備精通山路，而且體能好，面對關隘，可以偽裝混進去，也可以繞過去，別人過不去，劉備能過去。

另外，劉備有毅力，別人怕繞路浪費時間，劉備不怕。

再看劉備的經歷，他捆完督郵後，成了逃犯，結果他能逃走，還能跑到京城洛陽，也許那時劉備鍛鍊出了偽裝、翻山越嶺、有毅力等特點。

有人說了，就算劉備一個人能做到，他的部下怎麼辦？關羽、張飛、簡雍、糜芳這幫人也陪他這樣來來回回的，這受得了嗎？

那這就有幾種可能性了，比如劉備帶大家潛入汝南，失敗後，劉備帶少量人回袁紹那裡覆命，像關羽、張飛這種身體好的，習慣了劉備這種野外生存方式的就跟在身邊，像糜竺、糜芳這種養尊處優慣了的人，就留在汝南等消息，反正黃巾軍劉辟只是戰敗，又沒死，也能保護他們。

劉備軍中那些不善於逃跑的，爬山能力不行的，可能都被動出局了。

你想啊，不說這種進進出出潛入的事，光劉備這麼多次逃亡，關羽、張飛、簡雍、糜竺這群人能一直活到成都，這就很不容易。尤其是簡雍、糜竺、孫乾、劉琰這些文人，就更不容易了。

許多人幻想穿越三國投奔劉備，這什麼小沛之戰啊，長坂之戰啊，你能不掉隊都算本事，最後還能在成都看見你，你就算完美通關了。

不管劉備用什麼方法吧，總之，劉備小隊的潛入都成功了。

說說劉備潛入汝南的事。

注意，這裡和演義完全不一樣。正史裡劉備兩次潛入汝南，第一次與劉辟合作，第二次與龔都合作。

演義裡把兩次合併成了一次，還把劉辟和龔都寫成同夥，事實上，這兩人壓根不是一夥的，劉辟是前黃巾軍將領，後歸降了曹操，現在反叛曹操支持袁紹。而龔都史書記載是賊寇，沒說是什麼賊寇，也沒說是前黃巾軍將領。

而且這兩次的影響也不一樣，劉備第一次潛入時，許縣附近數個縣響應，都反叛曹操支持袁紹，許縣以南地帶都不得安寧，劉備大有一口氣吃下許縣的氣勢，所以曹操不得不派曹仁來救援。

而第二次「與賊龔都等合，眾數千人」。劉備和龔都只有幾千人而已。

這就不需要曹仁這種級別的將領來救援了，曹操派誰來打劉備和龔都呢？

一個熟悉的名字，蔡陽。

對，就是演義裡，關羽斬的那個蔡陽。

《三國志．蜀書．先主傳第二》記載：「曹公遣蔡陽擊之，為先主所殺。」

這裡的「為先主所殺」，不能理解成是被劉備本人親手所殺。

而是曹操派蔡陽來打劉備軍，蔡陽被劉備軍所殺。

劉備第一次潛入，任務就是與汝南叛軍合作，攻打許縣。

這是第二次，是與汝南賊寇合作，估計任務還是要打許縣。

所以蔡陽的任務是去消滅劉備，也是要把許縣的危險扼殺在搖籃裡。

那歷史的真相是這樣嗎?

我們來研究一下,曹操為什麼不派別的軍隊,偏偏要派蔡陽呢?大家注意,汝南郡內有個什麼縣?上蔡縣,周武王姬發的五弟以前就被封在這裡,當時叫蔡國。所以蔡陽極有可能是上蔡縣的地方豪強。那汝南郡內賊寇龔都作亂,就派汝南上蔡縣豪強來鎮壓。

那劉備滅了蔡陽過後,有沒有壯大起來,然後開始打許縣呢?

有人說了,為什麼劉備一去汝南,汝南就叛變?劉備、龔都就幾千兵,曹操還特意從北方戰場趕回來,為什麼?曹操在官渡勝利後,幾乎抽不出兵力打劉備,為什麼要親自來?

要搞清楚這些,我們來研究一下大環境,全面分析一下。西元二〇〇年,整個大漢各地是什麼形勢?袁紹在冀州,曹操在兗州,兩軍開打。袁譚在青州,臧霸在徐州,兩軍開打。鍾繇在司州,高幹在并州,兩軍對峙。馬騰、韓遂在三輔,選擇兩不幫,同時送人質給曹操。劉表在荊州,張津在并州,兩軍開打。孫策在江東,與荊州的黃祖交戰,又攻擊徐州的陳登。孫策原本是和曹操聯盟的,但現在孫策既打袁紹的人,又打曹操的人,然後他就遇刺死了,孫權接班後,繼續與曹操聯盟。

那我們歸類一下,冀州袁紹、青州袁譚、并州高幹,還有幽州,都是袁紹軍,加上同盟荊州劉表,一共五個州,這是一夥的。

兗州曹操、司州鍾繇、徐州臧霸都是曹軍，加上交州張津、江東孫權，一共也是五個州，這是一夥的。

大漢十三州，講了十個，那剩下三個呢？益州的劉璋關門自己過日子，涼州一片混亂，什麼也顧不上。剩下一個豫州，成了關鍵中的關鍵。

豫州本是曹操的地盤，但它和劉表的荊州接壤，是有被策反的可能性的，而且許縣也在豫州境內，如果袁紹、劉表這幫人策反了豫州，對曹操就是巨大的威脅。

那袁紹、劉表策反了沒有，效果怎麼樣呢？

史料記載：「時袁紹舉兵南侵，遣使招誘豫州諸郡，諸郡多受其命。唯陽安郡不動，而都尉李通急錄戶調。」

還有一段記載：「太祖與袁紹相拒於官渡。紹遣使拜通征南將軍，劉表亦陰招之，通皆拒焉。」

也就是說，袁紹派使者策反了豫州好幾個郡，袁紹為了拉攏豫州的曹軍將領李通，都封官到征南將軍了。這是重號將軍，劉表是鎮南將軍，這僅次於劉表了。

我們總以為官渡之戰時，劉表只是名義上效忠袁紹，其實什麼也不做。這明顯是不對的，劉表還暗中拉攏李通了，怎麼沒做事？再往前看，從一九六年曹操挾天子以令諸侯開始，袁曹的關係就出現了裂痕，這時袁紹忙著對付公孫瓚，那誰來對付曹操呢？就是劉表帶著藩屬張繡。一九七年，劉表、張繡與曹軍交戰。一九八年，劉表帶著藩屬張繡繼續與曹軍交戰。到了一九九年，藩屬張繡投降曹操了，劉表沒能力與曹軍交戰了，那劉表又做了什麼呢？就是誘降、策反曹操的手下，曹操的豫州好幾個郡反叛曹操，支持袁紹，那袁紹距離他們老遠呢，真正實際上支援這些棄暗投明者的是誰呢？就是與豫州接壤的荊州劉表啊！所以這些豫州人才敢反叛，否則光你袁紹派個使者來說幾句話，誰敢反叛啊？

從整體來看，曹操北面是袁紹，南面是劉表，袁紹在進行一個計畫，就是渡過黃河，從北邊占領曹操地盤；劉表也在進行一個計畫，叫拉攏策反豫州，從南邊占領曹操地盤，所以袁紹命令劉備潛入豫州並不是心血來潮。

從這個角度來看，劉備小隊潛入兗州地界時，可能有袁紹軍細作協助；潛入豫州地界時，可能有劉表軍細作協助。

二〇〇年，劉備和龔都在汝南有幾千兵，除掉了蔡陽。

二〇〇年十月，曹操獲得了官渡之戰的勝利，但是曹操並沒有乘勝追擊。

到了二〇一年，發生了兩件事。第一件事，曹軍和袁紹軍爆發了倉亭之戰，這場戰役就一句話，沒有任何細節，就是袁紹軍戰敗了，曹軍勝利。

第二件事，劉表軍打下了曹操的荊州南陽郡西鄂縣，西鄂縣東邊有個大家熟悉的地方——博望。

倉亭之戰結束，象徵著曹操徹底粉碎了袁紹的計畫，但劉表的計畫還在啊，劉表軍還吃下曹操的一個縣，劉備和龔都還活躍著。

所以曹操立刻調頭去南部，去粉碎劉表的計畫，要收回南方的地盤。

這就是曹操為什麼親自帶兵來驅趕劉備的原因，他並不是針對劉備、龔都那幾千兵，而是他要徹底粉碎劉表的計畫，劉備的行為只是劉表計畫中的一環。

所以劉備被曹操擊敗後，立刻去了劉表那裡。

二〇二年，發生了幾件事，先後順序不清楚。第一件事，袁紹死了。第二件事，曹操回到北方對付袁家。第三件事，劉表派劉備北上，向著許縣的方向，打到葉縣。

所以大家看，劉表在做什麼?他還是在北上打曹操，一直沒變。

一九七年、一九八年帶張繡打曹操；一九九年、二〇〇年拉攏李通對付曹操；二〇一年，出兵打下曹操的西鄂縣；二〇二年，命令劉備去打曹操。除此之外，劉表還西邊揭發劉焉，策反甘寧；南邊與張羨、張津作戰；東邊防禦孫家的進攻。很多人說劉表沒事做，其實劉表忙死了，東西南北一圈都是敵人。

回到曹操親自對付劉備這裡。歷史上，曹操帶兵和劉備正面交鋒幾次？答案是七次。

那劉備贏了幾次呢？兩次，分別是華容道和漢中之戰。敗的五次分別是：郯城之戰、小沛之戰、延津之戰、汝南之戰、長坂之戰。這次就是汝南之戰。有人說了，這個我怎麼沒什麼印象？這一段你一定有印象，因為演義裡寫得非常熱鬧。

演義中，這是趙雲回歸劉備後的第一仗，趙雲三十回合平許褚，一槍斬高覽，十餘合退張郃，有印象了嗎？

那歷史上是什麼情況呢？首先，張郃、高覽沒有參加這場仗的記載。尤其是高覽，他投靠曹操後，就一點記載都沒有了，更不會有被趙雲斬殺的記載。

其實，張郃並沒有被趙雲擊敗的記載，這是演義編的。

另外就是許褚了，三十回合戰平趙雲，雖然這是編的，但我覺得這個設計非常巧妙。

大家注意看，趙雲在小說中，剛出場的戰鬥是什麼？趙雲戰平文醜。

然後趙雲回歸劉備後，他的第一仗是什麼？戰平許褚。

為什麼這麼設計？趙雲戰平文醜，文醜是騎將，那意思是趙雲跟文醜定位一樣。

那現在趙雲跟了劉備，成了保鏢隊隊長，所以現在趙雲戰平誰？許褚，因為許褚就是曹操的保鏢隊隊長。

看見沒，小說裡這個設計是不是很精妙？

演義裡打得很熱鬧了，史書裡卻沒有細節，就一句話：「曹公既破紹，自南擊先主。」然後就是劉備投劉表了，就這點記載。

那劉備面對曹操的攻擊，是像小沛之戰一樣，不戰就逃了呢？還是一觸即潰呢？還是頑抗到底，最後戰敗而走呢？這就不知道了。

第十三章 博望坡之戰的真相是什麼？

之前曹操南下攻擊劉備，劉備派麋竺、孫乾聯繫劉表，劉表親自去郊外迎接劉備，以上賓之禮對待劉備，還給劉備兵，讓劉備駐紮在荊州南陽郡的新野縣。

然後「荊州豪傑歸先主者日益多，表疑其心，陰禦之」。

史料說荊州的豪傑跟隨劉備的越來越多，劉表開始疑心劉備，暗中防著劉備。

有人說了，為什麼當地豪傑會支持劉備呢？為什麼劉表又疑心劉備呢？用人不疑，疑人不用啊！

其實，這是常規操作，劉備在劉表這裡的定位叫藩屬。劉備身為藩屬，是個獨立的小軍閥，他駐紮在南陽郡新野縣，那麼那附近的士族、豪強都會支持劉備。

那劉表為什麼要「疑其心，陰禦之」呢？

這就是主公和藩屬的關係。這和養梟是一樣的道理，我養一隻梟，誰要敢欺負我，梟咬他；我要想欺負別人，梟咬他，有梟在，別人都敬畏我幾分，但我同時也要提防梟，因為梟這種猛禽是有可能攻擊主人的，萬一牠太強大，把我吃了怎麼辦？所以這就是馭梟之道，我養的梟，不能太瘦弱，否則打不過別人，也不能太強壯，因為我打不過牠。

劉表養梟主要是咬誰呢？曹操啊，劉表養的第一任梟是張繡，用張繡咬了曹操兩年，結果張繡投靠曹操了。

這梟原本都快要餓死了，是我一勺一勺餵胖的，現在認曹操當主人了，劉表既生氣又傷心。但劉表必須有梟，否則他說話就沒底氣，因為他們公司的股東蔡家、蒯家都很強勢，強勢到連劉表小兒子娶老婆都得娶蔡家人。

再說「劉表使劉備北侵，至葉，太祖遣典從夏侯惇拒之」。

說劉表派劉備向北進攻曹操，一直打到葉縣。從葉縣再往前就是許縣，現在成了漢獻帝的首都，所以也叫許都，後曹丕改名叫許昌，為了方便記憶，書中還是統稱許縣。

所以，劉表安排給劉備的方向是許縣，結果到了葉縣，曹操派夏侯惇帶著李典擋住了劉備。

那為什麼是夏侯惇和李典來擋住劉備呢？為什麼不是曹仁、張遼這些人呢？

因為曹操的主力在黎陽與袁紹的兒子交戰，主力軍在忙。與此同時，曹軍鍾繇部在跟袁紹的外甥，以及南匈奴作戰。簡單理解，就是曹軍主力在山西和河北。這給了劉表偷襲許縣的好機會。

那為什麼主力都沒空，只有夏侯惇、李典有空呢？因為夏侯惇的官職是河南尹，大漢的首都在司州河南郡洛陽縣，按道理，河南郡的管理者叫太守，但因為首都洛陽在他的管轄內，所以他不能叫太守了，要叫尹，河南尹。大家應該還聽過一個京兆尹，這是司州京兆郡的太守，他也叫尹，為什麼呢？因為之前首都是長安，在京兆郡，他是首都郡的太守，所以也叫尹。雖然首都搬家了，但這個稱呼沒改，司馬懿的父親司馬防就當過京兆尹。

那我們回到河南尹夏侯惇，按道理他應該駐守在河南郡，但因為漢獻帝在許縣，首都又換了，從洛陽變許縣了，所以河南尹夏侯惇其實駐守在許縣。

那麼問題來了，官渡之戰時，劉備和劉辟一起偷襲許縣，對手應該是夏侯惇。劉備第二次潛入汝南，和龔都一起可能也偷襲了許縣，那對手應該還是夏侯惇。

現在劉備一路北上，往許縣方向走，對手還是夏侯惇。那夏侯惇能讓劉備真打到許縣嗎？

當然不能，所以守門員主動出擊，在許縣南邊的葉縣堵住了劉備。

那為什麼會帶著李典呢？李典的工作是運糧食，常穿梭在幾個州之間，劉備來打許縣，可能李典正好運糧運到這裡，夏侯惇要去堵住劉備，正沒將可用呢，所以正好帶上李典。

《三國志．蜀書．關張馬黃趙傳第六》裡裴注引〈雲別傳〉記載：「先是，與夏侯惇戰於博望。」

這裡趙雲出現了，趙雲跟著劉備，在博望大戰夏侯惇。

發現問題沒有，上一句還說在葉縣打仗呢，這句裡立刻變成在博望了。

為什麼戰場會從葉縣變成博望，這中間發生了什麼事？

我們來推測一下，劉表養著劉備，又不敢讓劉備太強大，那劉備擁有的兵力就不會太多。既然兵力不多，還要去打許縣，自信何來？就是因為曹軍主力在北邊，劉備可以來個快速偷襲。

所以偷襲的關鍵在於這個偷字，不要被發現，要偷偷摸摸的，突然兵臨城下，要達到這個效果。

但結果被曹軍發現了，守門員夏侯惇跑出禁區，在葉縣堵住了劉備。

那劉備原本的策略目標還能達成嗎？肯定不行了。那這次偷襲就沒有價值了嗎？

不一定，只要能吸引曹軍主力，那就有價值。

有人說，這有什麼價值，曹軍主力來了，劉備打的不是更艱難了嗎？

那這就要看這個價值，是對誰有價值，當然是對劉表。

劉表發動偷襲許縣的目的，就是為了吸引曹軍主力，這樣就減少了正在捱打的袁紹兒子們的壓力。

理解了吧？博望之戰嚴格來說，目的不是劉備要打曹軍，而是幫助袁軍降低來自曹軍的壓力。

那我們來看結果，劉備吸引曹軍主力了嗎？吸引來了誰？剛才說過「至葉，太祖遣典從夏侯惇拒之」，後來史料更新為「使拒夏侯惇、于禁等於博望」。也就是說劉備軍退到了博望，曹軍追到了博望，追擊的人裡多了一個于禁。曹操派了主力于禁回援。

說個好理解的，這一戰劉備原本是要去偷襲的，結果被發現了，對方的主力還回援了，那我就後退，退到靠近自家的地盤，雙方就這樣僵持住了。

面對僵局，劉表已經很滿意了，他的目的達到了，劉備吸引了曹軍主力大將于禁，減少了袁紹兒子們的壓力，這就可以了。

但曹軍很糾結，現在如果退兵，那劉備再來進攻怎麼辦？如果進攻劉備，他背後有援軍怎麼辦？

可能劉備也糾結了，這是我當劉表藩屬打的第一仗，可以戰敗，但不能丟人，如果丟了人自己在劉表勢力內還能抬起頭來嗎？

那我怎麼才能打出光彩呢？劉備使了個狠招，火燒自己。準確來說，是火燒自己的陣地。劉備火燒自己的陣地，然後離去。有人問了，劉備走就走，為什麼要火燒自己的陣地呢？這不會引起敵人注意嗎？悄悄退兵多好。古代作戰，陣地上會建造各種防禦工事，比如阻擋敵人騎兵的鹿角等等，劉備要攻城，估計還帶了攻城器械，如床弩、投石車，火燒了這些，是為了不資助敵人，不能讓敵人獲得這些。

比如赤壁之戰，曹操為什麼決定退兵後要火燒自己的戰船？因為這些戰船不能送給敵人。有人說了，那就帶著走啊，都帶走不就好了，燒什麼啊？這就是問題了，你撤退時，帶著這些東西，還能跑得快嗎？你跑得慢，敵人追來了，不捱打嗎？所以要輕裝撤退，這些東西又不能留給敵人，就通通燒掉。

劉備這個行為傳達出了一個含意，他是真的要退兵了。劉備連家產都燒了，這太真了，真的不能再真了。

於是夏侯惇帶大軍要去追擊劉備。

此時李典反對，他覺得可能有埋伏。

當然，我們都知道結果，是李典說對了，劉備確實有伏兵。

那為什麼夏侯惇、于禁沒猜對，而李典猜對了呢？

A思路，劉備燒的不徹底，李典就是專門負責運輸的，一直在處理物資。劉備所謂的燒自己陣地，其實他也捨不得這些物資，可能他就是做個樣子，假裝都燒了，這被李典看出來了。

B思路，劉備燒的太徹底了，李典是專門負責運輸的，對物資的處理很熟悉，劉備可能是燒的太徹底了，壓根不像正常撤退的行為，好像是故意在演戲，所以被李典看出來了。

總之，在物資專家李典眼中，發現了劉備有問題，但夏侯惇、于禁看不出來，這就造成了分歧。那結果呢？結果是各做各的，覺得有問題的，那就不追，覺得沒問題的，就追。

有人問了，這打仗不統一指揮嗎？怎麼統一？夏侯惇是許縣防衛軍，于禁是主力征伐軍，李典是運輸隊。一個防禦軍，一個征伐軍，一個運輸隊，三支軍隊臨時拼湊在一起作戰，誰也管不了誰，夏侯惇也沒有統中外諸軍事這個身分。

那就各做各的，夏侯惇帶著防衛軍、于禁帶著征伐軍就追過去了。結果一追，麻煩了，被劉備軍的伏兵包圍了，這伏兵應該是趙雲帶領的。這伏兵一包圍，劉備親自帶領軍隊調頭回來一起進攻，劉備軍、趙雲軍攻擊夏侯惇軍、于禁軍。

沒追的運輸隊李典一看不好，趕快來救，帶軍隊來攻擊趙雲的伏兵和劉備軍。

這就打起來了。

有人說了，這曹軍完蛋了，主力都被包圍了，李典運輸隊來救援，運輸隊有什麼戰鬥力，能打穿趙雲的伏兵，救出夏侯惇、于禁嗎？

完全不可能啊！

我估計劉備和趙雲也是這樣想的。

但是李典的運輸隊和普通運輸隊是不一樣的。

李典的運輸隊，應該是當時最強的運輸隊，沒有之一。

為什麼？因為李典的運輸隊是曹軍最強的兩大野戰軍之一，另一個是曹仁騎兵軍團，這是曹操麾下最強的兩支軍隊了。

有人問了，李典這運輸隊到底哪裡強？還有，這麼強大的軍隊為什麼不去打硬仗，而在這裡處理運輸呢？這不是浪費嗎？

我們一個一個說，李典軍是兗州豪強李家軍，原本的首領是李典的叔叔李乾，接著是李典的堂兄弟李整，然後才輪到李典。李家軍跟著曹操打青州黃巾軍、打袁術、打陶謙、打呂布，但很可惜，李乾、李整相繼死亡，最後由李典接班。曹操覺得李家軍勞苦功高，就照顧李家軍，讓他們不要打硬仗了，負責運糧食就好。

但這支軍隊打硬仗打習慣了，就在博望之戰同年，可能幾個月前，李典和程昱用船運糧，遇到袁軍封鎖水路，這換成一般的運糧隊，看見敵軍封鎖路線，那就繞道而行了。但李典運糧隊可不怕對方，敢擋我的路，我們李家軍以前可是戰場上橫著走的，打！直接把封鎖線打穿了。袁軍當時都傻了，我們征伐軍來封鎖敵軍運糧隊，結果被運糧隊打穿了，對方真的是普通的運糧隊嗎？

可能此時劉備軍也納悶，這不是運糧隊嗎？怎麼這麼猛！趕緊撤！史料原文是：「典往救，備望見救至，乃散退。」

劉備軍退兵，離開了博望。

博望之戰就這麼結束了。

那博望之戰算誰贏了呢？

有人說，肯定是劉備軍輸了啊，劉備軍的目的是打許縣，沒成功；打葉縣，也沒占領葉縣，退到博望，也沒守住博望，這算是劉備軍輸了。

但也有人說，不對，劉備軍伏擊了夏侯惇、于禁，李典一來，劉備軍就跑了，劉備軍沒什麼損失。而且劉表的策略目的本來就不是占領許縣、葉縣、博望這些地方，目的就是吸引曹軍主力，減輕袁軍壓力，目的也達成了，這算是劉備軍贏了。

其實，事件是客觀存在的，怎麼定義這件事是根據定義者的需求來決定的。

第十四章 劉備「馬躍檀溪」是歷史還是傳說？

之前說過劉表是個大忙人，他東南西北四面作戰。但西元二〇二年袁紹死後，劉表軍也在這年最後一次為袁軍作戰。

二〇二年之後，劉表再也沒打過曹操。二〇三年，孫權組織大規模水軍進攻黃祖，這一年凌統的父親凌操陣亡，孫權的岳父徐琨也疑似是這一年陣亡的。於是形勢發生了變化，劉表不打曹操了，改為與孫權打。那劉備也不能閒著，於是劉表派他駐守樊城，以支援江夏的黃家水軍，也就是說，劉備的任務現在改為打孫權了。

這裡還要再說一下，劉備身為藩屬，他是劉表大公子劉琦的支持者，從這個角度來看，劉琦、劉備以及劉琦的其他支持勢力應當是一種盟友關係。劉琦的支持勢力中，除了劉備軍，最主要的就是江夏黃家，其次是一些外地逃難來荊州的名士，如司馬徽、徐庶等。

按這個推理，劉備疑似二〇三年就到了樊城，成為江夏黃家的盟友，那江夏黃家的女婿諸葛亮最早在二〇三年就可能投靠劉備了。

所以劉備人在樊城時，其帳下可能已經有徐庶、諸葛亮了。此時「劉表禮焉，憚其為人，不甚信用」。

劉表對劉備很客氣，但忌憚劉備，不敢信任劉備。因為沒有任何一個主公敢信任藩屬，劉表不敢信任張繡，曹丕不敢信任臧霸，孫權不敢信任太史慈，劉璋也不敢信任劉備，都一樣。

史料記載：「曾請備宴會，蒯越、蔡瑁欲因會取備，備覺之，偽如廁，潛遁出。」

劉表曾請劉備參加宴會，蒯越和蔡瑁打算趁機除掉劉備，劉備發現了，假裝上廁所逃跑了。但逃跑途中出現了插曲：「所乘馬名的盧，騎的盧走，墮襄陽城西檀溪水中，溺不得出。備急曰：『的盧：今日厄矣，可努力！』的盧乃一踴三丈，遂得過，乘桴渡河。」

就是劉備騎著的盧馬，落入襄陽城西的檀溪中，淹沒在水中沒辦法出來，劉備著急了，對的盧說，今日被困了，你要努力啊！的盧一躍三丈，於是得過。然後劉備乘著小筏子過河了。

注意，關鍵點來了。

很多人認為是的盧馬飛躍了檀溪，一下跳到對岸了。

其實史料裡說的是，劉備差點被淹死，的盧馬跳起來，劉備免於被淹死，然後劉備是坐小筏子渡河的。

而後劉備坐小筏子在河裡走到一半的時候，追趕的人到了，追趕者表達了劉表的歉意，問劉備怎麼走得這麼著急呢？怎麼也不打個招呼就急忙走了？感覺他們好像不知道鴻門宴的事。

先說為什麼躍馬檀溪的爭議點那麼大。

因為許多人認為一匹馬再怎麼樣也不可能跨越一條河，所以許多人不信這件事。

其實史料裡的盧馬並沒有越河，只是劉備「溺不得出」，就是被淹了，出不來了。的盧馬一躍三丈，出來了，的盧馬是解決了「溺不得出」這個問題，不是解決了越河這個問題，越河是靠小筏子。

有人說了，那這麼看，躍馬檀溪是真的了。

非也，繼續看史料，東晉史學家孫盛曰：「此不然之言。備時羈旅，客主勢殊，若有此變，豈敢晏然終表之世而無釁故乎？此皆世俗妄說，非事實也。」

孫盛認為當時劉備客居在劉表那裡，客人和主人實力懸殊，如果真有這變故，劉備哪敢安定地一直待在劉表那裡，直到劉表去世都沒出事呢？這些事都是世間庸俗之人胡說的，不是事實。

孫盛的評論，是誰記錄在《三國志》裡的呢？是裴松之，有時候裴松之引用完孫盛的觀點後，自己也會講兩句，有時候還和孫盛的觀點不一樣。但這次，裴松之引用完後，什麼也沒說，意思是他也支持孫盛的觀點，否則他就不引用了。

所以東晉史官孫盛和南朝劉宋史官裴松之都認為躍馬檀溪事件不可能。

他們判斷的出發點，不是這匹馬能跳多高或跳多遠的問題，而是劉表、蔡瑁和劉備的關係的問題。

首先，這個史料先說劉表不信任劉備，又說劉表請劉備來赴宴，再說蔡家、蒯家打算趁機殺了劉備。那這種寫法，傳達了什麼含意？就是劉表想除掉劉備，並且要借蔡家、蒯家之手殺人。如果不是這個觀點，史料應該這麼寫，蔡家、蒯家一直想弄死劉備，正好劉表請劉備來赴宴。如果這麼寫，那矛盾的主體就是蔡家和蒯家，就不是劉表。

然後這個史料又記載有人去追劉備，但沒說是蔡家、蒯家的人，他們是以劉表的口吻，帶著歉意與劉備對話，完全和蔡蒯兩家沒關係。

那這史料開頭說劉表不信任劉備，中間說劉表請劉備來吃飯，結尾是劉表的人去追劉備，還以劉表的口吻帶著歉意說話。

這不就是說劉表想殺劉備嗎？

孫盛和裴松之說了，如果真是劉表想殺劉備，那劉備還能活到劉表死那年嗎？

之前說過，劉表要用大公子＋外地人藩屬劉備勢力來制衡小公子＋蔡蒯本地人勢力，在這種情況下，劉表殺劉備，等於殺自己，如果劉備死了，制衡失衡，那劉表也就離死不遠了。

那我們假設不是劉表要殺劉備，是蔡家、蒯家要殺劉備。按照政治爭鬥的邏輯，開弓沒有回頭箭，兩個派系一旦動手，那就必須倒下一個。這次鴻門宴結束後，兩派還能和平共處嗎？

比如玄武門之變，第一，局勢到了不得不動手的時候了；第二，動了，就不能停，不能說這次沒殺掉李建成，幾年後，我們再來一次，這怎麼可能呢？

那我們回看蔡瑁，他如果要動手除掉劉備，那僅僅是除掉劉備嗎？那會連劉表一起除掉，然後扶二公子劉琮上位。

這就像玄武門之變，關隴集團既然要除掉，那是只除掉李建成、李元吉嗎？那是連李淵一起除掉，然後扶李世民上位。

這次鴻門宴是哪一年，史料記載不清楚，如果是二〇三至二〇七年間，那都不至於下手，沒到這一步。但如果是二〇八年，曹操快來了之前，而劉表又故意遲遲不確定誰是接班人，那這個時候，蔡瑁想進行一場鴻門宴，像玄武門一樣，把劉備、劉表都除掉，然後宣布劉表立小兒子劉琮當接班人。這就合理了。

孫盛和裴松之認為不可信，是他們認為鴻門宴到劉表死之間，還有這麼多年，因為這麼多年是和平的，所以反推躍馬檀溪、鴻門宴不可能存在。但如果鴻門宴緊接著就是劉表死呢？那就可能了。而且劉表死後，蔡瑁壓根不在乎劉備，因為劉琮已經是主公了，我們已經勝利了，我帶著劉琮投靠曹操，可以享受榮華富貴了。注意啊，歷史上蔡瑁沒有被曹操殺，他投降曹操後就被封侯，結局很完美。

所以總結一下，我的觀點是：

一、如果鴻門宴和劉表之死是緊挨著的，那就有可能。

二、按史料記載，的盧馬沒有躍過檀溪，只是跳起來讓劉備沒淹死。

第十五章 劉封真的是劉備的義子嗎？

非也，劉封是劉備的過繼子。史書記載：「先主至荊州，以未有繼嗣，養封為子。」注意，因為劉備沒有繼嗣，所以養劉封為子，那養劉封為子的目的是什麼？繼嗣用的。什麼兒子能繼嗣？嫡長子。所以過繼子視為嫡長子。有人說了，不對，劉封原本姓寇，劉備是皇室宗親，他怎麼能過繼一個不姓劉的人來延續皇室宗親的血脈呢？我認為有一種可能，在劉備過繼劉封之前，劉封就已經改姓劉了。為什麼？因為劉封的母親姓劉，在漢末三國，因為爸爸家弱勢，而改隨媽媽家姓的人很多。比如朱然，他爸姓施，他媽姓朱，他改姓朱，過繼給舅舅朱治當兒子。

再比如王平，原本叫何平，他爸姓王，他媽姓何，他在外公家長大，跟外公姓。那有沒有可能羅侯寇家沒落了，劉封跟朱然、王平一樣，小時候就不姓寇了，跟舅舅長沙劉氏改姓劉了呢？所以劉備是過繼了長沙劉氏的劉封當過繼子，這就沒問題了。有人說了，那也不行，劉備可是皇親國戚血脈，這個長沙劉氏又不是皇親國戚，憑什麼成為劉備的延續。那有沒有一種可能，長沙劉氏也是皇親國戚呢？漢景帝劉啟的第六子就是長沙王，他的後人世代在長沙繁衍。而且如果劉備過繼了長沙王劉發的後代，對於劉備有好處。為什麼呢？因為漢光武帝劉秀自稱是長沙王劉發的後代。這是什麼概念？如果長沙劉氏是長沙王劉發的後代，那他和劉秀都流著劉發的血。劉備把一個體內有部分與劉秀相同血緣的人過繼為自己的兒子，豈不是更出身正統了嗎？那再看劉封的爸爸家羅侯寇家，為什麼他家沒落了呢？

現在的羅侯是誰，史料記載不清晰，但是一百零幾年之前有記載，是羅侯竇瑰，那羅侯就姓竇，代代相傳。到了漢靈帝時代，竇家是外戚，大將軍竇武得勢，這時候估計長沙的羅侯竇氏也很強大。後來竇家沒落，雖然能和長沙劉氏聯姻，但可能孩子都沒辦法跟自己姓了，所以跟老婆劉家姓。

有人問了，不對啊，劉封姓寇啊，你怎麼說了半天羅侯竇家？

是這樣的，有觀點認為，這個劉封姓寇，可能是史書抄錯了，應該是姓竇，竇、寇二字有些接近。同時史料找不到羅侯姓寇的記載，但羅侯姓竇有記載。

劉備收了長沙劉氏的劉封當過繼子，那劉備和長沙劉氏變成了什麼關係？

我是長沙劉氏，你是我外甥的父親，那等於是我姐夫或妹夫，對不對？這就是盟友關係了。

那麼新問題來了，劉備身為流浪軍團到荊州，又被劉表「陰禦之」，那劉備是怎麼有機會與長沙劉氏成為盟友的呢？

而且在地理位置上，劉備人在南陽郡新野縣，屬於今天的河南。長沙劉氏在長沙，屬於今天的湖南，這中間還隔著湖北呢，劉備是怎麼聯盟上的？

要弄清楚這個問題，就要老生常談了，劉表手下有兩個勢力，荊州本地人支持小公子劉琮，外地人支持大公子劉琦。劉表要保持兩邊力量差不多，自己才能坐穩。但是以蔡家、蒯家為首的荊州士族在荊州力量很大，所以劉表先後收了外地人藩屬張繡、劉備，又為外地人創辦了當時最大的學校，以增強外地人的力量。但這依然不夠。那就需要外地人更強一些，這就有了劉備從新野轉而駐紮到樊城，這就有了劉備聯盟了荊州南部的長沙劉氏，這就有了本地士族黃家的女婿諸葛亮跟了劉備。在黃家族長黃祖陣亡後，黃家女婿諸葛亮建議大公子劉琦去江夏，接管黃家水軍。這句話再聽一遍，身為外地人的黃家女婿建議外地人支持的儲君大公子劉琦去接管黃家水軍。包括劉備聽從黃家女婿的建議，在南陽郡收流民，開荒地，獲得佃戶、部曲，這都是劉表默許的，因為劉表需要劉備變強，來制衡本地人。

所以赤壁之戰前，劉琦、劉備勢力擁有一萬江夏軍和近一萬的南陽軍。

簡言之，劉表為了制衡以蔡家、蒯家為首的荊州本地士族，以主動支持或默許態度，使劉備得到快速發展。

但新問題也出現了，劉備內部也在潛移默化中出現了新的矛盾。什麼矛盾呢？就是荊州力量和非荊州力量的矛盾。原本劉備勢力的核心利益層全是非荊州力量。比如幽州時代的關羽、張飛、簡雍、士仁、蘇非，比如徐州時代的麋竺、麋芳、孫乾、劉琰、陳到，還有官渡之戰時回歸的趙雲，他們全都不是荊州人。但劉備勢力內此時的重要人物是徐庶、諸葛亮、劉封。徐庶是荊州名士的代表，諸葛亮身為黃家女婿，能讓劉備得到黃家的支持。

而劉封，是最最重要的。因為他將成為新的儲君，別忘了他是過繼子。但在西元二〇七年阿斗出生後，事情就尷尬了。能繼承劉備的，到底是這個沒有血緣的過繼子，還是親兒子劉禪呢？大多數人認為，那必須是親兒子。但問題是，阿斗是妾室甘夫人生的，阿斗只是庶子。而劉封是過繼子，視為嫡長子。更何況現在劉備需要荊州力量，如果劉備明確表示出要讓阿斗繼承自己，這就等於放棄了荊州力量。

那以長沙劉氏為首的荊州南部力量還跟劉備合作嗎？那荊州黃家女婿諸葛亮還跟劉備合作嗎？那江夏黃家水軍還跟劉備合作嗎？這都是問題。

就是因為劉備沒放棄劉封，即便生了阿斗，在對外的法理邏輯上，劉備的繼承人仍是劉封。就因為是在這種情況下，赤壁之戰後，劉備才能接替劉琦；荊南才繼續支持劉備；黃家女婿諸葛亮才能去荊南收稅；黃家女婿諸葛亮才能成為劉備與荊州龐馬向習等家族之間的橋梁；關羽才能接管黃家水軍。

所以劉封的作用非常大，劉備控制荊州時，劉封就是荊州力量支持的儲君。

那相反，誰支持阿斗呢？自然是元老派，他們與甘夫人是老交情了。

你換個角度看，關羽、張飛等人與甘夫人是老交情，他們支持甘夫人的兒子，合理吧？荊州本地家族與長沙劉氏是老交情，他們支持長沙劉氏的劉封，合理吧？

這個因素不是選擇接班人的決定性因素，但是重要因素之一。

有人說，不對，劉封在劉備那裡就是個普通將領，他算什麼儲君？這都是亂猜。

非也，劉備封劉封為副軍將軍，這是什麼意思？副軍，劉封是副的，那誰是正的呢？有人說明顯孟達是正的，劉封是副的。你弄反了，在上庸，劉封是正的，孟達是副的，所以副軍和孟達沒關係。

那這個副軍是什麼？

其實是劉備抄襲了曹操，曹操是丞相，封曹丕當副丞相。劉備在大漢的身分是左將軍，所以劉封是副將軍。

劉備為什麼這麼做?這是在安撫荊州人,因為那個時候是漢中之戰時期,劉備太重用東州派了,所以需要安撫荊州人。

有人說,不對,最後提出殺劉封的就是諸葛亮,怎麼還說劉封是荊州人支持的儲君呢?非也,劉封怎麼死的?劉備說劉封的罪狀是:一、你不救關羽,導致關羽死亡。二、你欺負孟達,導致孟達叛變。這兩個罪名,其實很冤枉劉封。但冤不冤不重要,劉備這兩個大帽子一扣,已經判劉封死刑了,說明劉備要換接班人了。

那荊州人支持的儲君被主公判死刑了,荊州人得表個態吧?

因為無力回天了,所以諸葛亮主動說,建議殺劉封。

對於荊州人來說,劉封死了,荊州地盤沒了,荊州人的忠誠度迅速跌落,時間一久,荊州人距離反叛就不遠了,所以劉備無論如何都得發起夷陵之戰,要為荊州人把家打回來。能不能打贏不重要,主要是把忠誠度拉上來,把制衡做好,就像孫權為了淮泗人打合肥一樣。

第十六章 為何陶謙和劉表都選擇託孤給劉備？

徐州牧陶謙託孤給劉備，讓劉備當CEO，陶謙的兒子當董事長。荊州牧劉表也託孤給劉備，讓劉備當CEO，劉表的兒子當董事長。但最後徐州的董事長成了劉備，荊州的董事長也成了劉備。後來呂布偷襲徐州，劉備失去了徐州；呂蒙偷襲荊州，劉備又失去了荊州。這一切僅僅是巧合嗎？

先看陶謙，陶謙不是徐州人，他是揚州丹陽人，他帶了一群丹陽人去徐州，在徐州人眼裡，丹陽人是外地人。

主公是外地人，能量二分，主公的外地人派系，能量三分，加起來五分。本地人能量是五分。勢均力敵，局勢是平衡的。

但主公死後，外地人派系三分，本地人五分，這就要失衡了，外地人可能會遭到本地人的清算。

所以主公把外地藩屬劉備弄成 CEO，把這二分補上，讓外地藩屬加上外地人派系，還是五分，這樣就不會失衡。

所以陶謙的託孤，是讓劉備當 CEO，聯盟以曹豹、許耽等人為首的丹陽舊部來對抗徐州本地勢力。

但結果呢？劉備被徐州本地勢力拉攏了，變成了 CEO 劉備二分＋徐州本地人五分，一共七分，丹陽人只有三分。這失衡了，丹陽人面臨被清算，所以他們選擇勾結呂布，推翻劉備以自救。

所以這場失衡的關鍵點在於本地人拉攏了藩屬 CEO。

那看劉表託孤，邏輯一樣，主公劉表二分＋劉琦與外地人力量三分，一共五分，對抗劉琮＋荊州本地人力量五分，局勢是平衡的。

所以劉表想讓劉備當 CEO，補上自己去世後缺失的二分，繼續維持制衡。

劉表死後，劉琮＋荊州本地人這五分叛變了，投降曹操，算除名了。荊州就剩下 CEO 劉備二分＋董事長劉琦派系三分，一共五分。孫權與他們聯合，擊敗了曹操。此時藩屬 CEO 劉備與隔壁孫權公司的利益關係連結非常深，如果劉琦活著，孫權和劉備都獲得不了太多荊州的利益，恰好劉琦死了，兩人瓜分了荊州，孫權又把部分地盤借給劉備。但瓜分＋借的帳目存在模糊的地方，為後來埋下禍根，其實孫權把荊州部分地盤借給劉備只是權宜之計，孫權的目標一直都是獲得荊州的全部。

所以這場失衡的關鍵點在於新董事長劉琦的死亡，當然，再往深層次來看，是競爭公司拉攏藩屬 CEO，造成董事長劉琦死亡，競爭公司再把劉備當藩屬使用，等時機成熟時再吃下荊州全部。整個看下來，是董事長劉琦、藩屬 CEO 劉備都被孫權給算計了。

這兩次失衡的對比，都是藩屬 CEO 劉備被其他勢力拉攏，導致失衡。

那劉備自己的託孤是什麼樣呢？

劉備二分，荊州人是外地人三分，東州派是地頭蛇五分。

所以劉備的託孤是讓阿斗當董事長，外地人派系首領諸葛亮當 CEO，CEO 諸葛亮二分，補上自己去世後的二分，東州派李嚴是副總，劉備承認他是東州兵統帥，封為中都護，統內外軍事，東州派還是五分，這樣局面是制衡的。

但益州存在巨大的隱患，就是一旦地頭蛇聯合最弱小的益州本地人，形成弱弱聯合，將會推翻外地人。為了不出現這一幕，外地人必須壓制住地頭蛇，所以諸葛亮透過北伐吸取力量，開府治事，擴展到七分，東州派被壓制，諸葛亮徹底除掉李嚴，形成以 CEO 諸葛亮為首的外地人派系十分、董事長阿斗零分的這麼一個局面。

到了蔣琬時代，董事長阿斗收回一些能量，但到了費禕時代又回去了，還是董事長阿斗零分，CEO 費禕十分。

在費禕遇刺後，趁諸葛瞻未能接管力量，弱小的阿斗聯合弱小的降將派姜維搶奪權力，弱弱聯合，阿斗與姜維加起來五分，諸葛瞻派系五分，形成制衡局面。蜀漢再未出現開府的 CEO。

後來阿斗讓宦官當自己的發言人，來微調自己與降將派姜維、諸葛瞻三者的力量關係。因此諸葛瞻把宦官黃皓和降將派姜維視為敵人，諸葛瞻計劃把降將派姜維調回來除掉，所以姜維不敢回來。

這樣局面制衡了，沒有絕對的壓制者存在了，益州最弱小的派系，就是益州本地人終於出頭了，他們在劉焉、劉璋、劉備、諸葛亮時代都被絕對權利壓制著，到了阿斗有力量時，才逐漸登上政治牌桌，具備一點話語權。其代表人物是譙周。

也正是因為益州本地人的崛起，才徹底推翻了蜀漢政權。導火線就是鄧艾，當鄧艾這個導火線出現後，本地人支持魏軍，消滅了諸葛瞻勢力，而姜維一直躲在外地無法救援。

阿斗勢力滅亡，就是本地人推翻了外地人，然後一切結束。鄧艾只是導火線，不是決定因素，這個導火線換成誰，益州人都會支持，結局都一樣。

所以反過來看，為什麼 CEO 諸葛亮會壓制新董事長阿斗，因為在地頭蛇沒有被除掉之前，極有可能會出現弱弱聯合的情況，董事長會聯合地頭蛇來反向制衡 CEO。為了防止出現這種局面，諸葛亮要用荊州人侍郎郭攸之、費禕、董允以及將軍向寵控制住阿斗，防止弱弱聯合。

第十七章 赤壁之戰中劉備軍真的袖手旁觀了嗎？

非也，在《三國志．吳書．周瑜魯肅呂蒙傳第九》裡裴松之引用《吳書》記載，單刀赴會時，關羽對魯肅說赤壁之戰時，劉備忙得睡覺都不脫盔甲，拚盡全力與孫權一起擊敗曹操，我們付出了這麼大的努力，難道不應該擁有荊州的一些地盤嗎？

大家看，關羽敢理直氣壯地拿這件事跟魯肅叫板，說明是真的，因為赤壁之戰時魯肅以贊軍校尉的身分也參加了，如果劉備軍在赤壁沒貢獻，關羽純瞎編，這騙不過當事人魯肅的。而且在魯肅的回答裡，也沒有否定劉備軍的貢獻，只是強調是東吳軍挽救了劉備軍。這說明魯肅也無法磨滅赤壁之戰時劉備軍的貢獻。

現在我們一起來看看赤壁之戰。

先問大家一個問題，如果提起鐵索、東風、火攻這三個詞，你們會想到哪一場戰役？

很多人第一反應就是赤壁之戰，其實不對，應該是朱元璋和陳友諒的鄱陽湖之戰。是的，你沒有聽錯，連鎖為陣的不是曹操，曹操沒有弄鐵索連環，製造鐵索連環的是陳友諒。

有人問了，那羅貫中為什麼要把陳友諒的事安在曹操身上呢？

那是因為羅貫中和朱元璋、陳友諒生活在同一個時代。

羅貫中把大量的他那個時代發生的事，用他的方式，或明寫或暗寫的，寫進了《三國志通俗演義》和《江湖豪客傳》中，這兩本書今天的名字叫《三國演義》和《水滸傳》。

所以演義裡的赤壁之戰的許多細節，其實都不是赤壁之戰，而是鄱陽湖之戰。

那「蔣幹盜書」、「草船借箭」、「黃蓋詐降」、「闞澤詐降」、「鐵索連環」、「借東風」、「黃蓋要單刀斬曹操」、「張遼射黃蓋」、「華容道」這九個情節哪些是三國歷史，哪些是鄱陽湖之戰，哪些是羅貫中純虛構的呢？我們來研究研究，做個比較。

第一，「蔣幹盜書」。歷史上蔣幹確實策反過周瑜，但沒盜書。這算一半是三國歷史，一半是虛構，三國加零點五分，虛構加零點五分。

第二，「草船借箭」。這件事發生在濡須之戰，主角是孫權，不是諸葛亮，也算一半是三國歷史，一半是虛構，三國加零點五分，虛構加零點五分。

第三，「黃蓋詐降」。史料記載：「瑜部將黃蓋曰：『今寇眾我寡，難與持久。然觀操軍船艦首尾相接，可燒而走也。』乃取蒙衝鬥艦數十艘，實以薪草，膏油灌其中，裹以帷幕，上建牙旗，先書報曹公，欺以欲降。」

這段史料解答了兩個問題，首先，黃蓋詐降是真的。三國加一分，現在三國二分了，但是很巧，在鄱陽湖之戰之前，朱元璋軍的康茂才也詐降了陳友諒。你看，站在羅貫中的視角，詐降、鐵索、東風、火攻，元末全發生了。這和三國歷史上的赤壁之戰詐降、東風、火攻多像啊，只是沒有鐵索而已。所以我個人認為歷史的巧合，也是堅定了羅貫中把赤壁之戰按鄱陽湖之戰來寫的重要因素之一，所以這裡除了三國加一分，我認為元末可以加零點五分。

其次，上面史料裡又透露出一個重要資訊，就是是否有「鐵索連環」這件事。

按黃蓋的說法，「觀操軍船艦首尾相接」。什麼叫「首尾相接」？就是這艘船艦的頭挨著那艘船艦的尾巴，緊挨著擺放。如果放火，一燒一大片。所以，曹操並沒有鐵索連環，羅貫中是把陳友諒的事安在曹操身上。所以元末加一分。現在比分是二比一點五比一。

第五，「闞澤詐降」。這件事是純虛構，史料裡完全沒有。虛構加一分。

第六，「借東風」。這個三國史料裡沒有，元末也沒有，又是純虛構，虛構又加一分。

第七，「黃蓋單刀要斬曹操」。這個有史料嗎？有，在鄱陽湖之戰。陳友諒的大將張定邊單刀直入，直取朱元璋，為常遇春射中，方才退卻。看這像什麼？像不像黃蓋單刀要殺曹操，被張遼一箭射中？元末加二分。

最後是「華容道」。關羽放曹操這是虛構。那華容道上曹操有哈哈大笑嗎？史料真有。所以是半歷史半虛構。各加零點五分。

最終比分是二點五比三點五比三點五。也就是元末和虛構雙冠軍，三國史料是第三名。所以我個人得出一個結論，演義裡的赤壁之戰，主要素材是元末原型和純虛構，三國史料少了一些。

說了這麼多，還得回到開頭的問題。

歷史上劉備軍在赤壁之戰裡到底做了什麼？史料裡沒有實際內容，而且羅貫中也沒寫。

我個人認為羅貫中沒寫，這是最不應該的。你的小說裡，劉備軍是主角，你會在各個地方為劉備軍虛構戰績。結果到了赤壁之戰，按理說劉備軍是有貢獻的，雖然史料沒有具體記載做了什麼，但你羅貫中可以編啊，可以補充啊！結果你不寫，造成後人認為赤壁之戰劉備軍什麼也沒做的印象。

有人說了，沒做事又怎樣？

這個問題大了，如果赤壁之戰劉備軍什麼也沒做，那劉備軍就沒有資格擁有荊州的地盤，那孫權借給劉備軍地盤，那就是純借的，因為你沒資格擁有，那劉備不還就理虧，孫權派呂蒙奇襲三郡就是合理的，劉備帶五萬兵來爭荊州就是不合理的。因為劉備帶兵來爭荊州，導致錯失了搶占漢中的好時間，一步慢，步步慢，導致曹操率先吃下漢中，遷移走漢中的人口，並且打入巴西，遷走巴西人口，讓劉備吃了大虧。等劉備再收復巴西，打下漢中，地盤奪回來了，勞動力卻沒了，直接造成未來蜀漢整體國力上不來。

如果大家的印象是劉備軍在赤壁之戰沒貢獻，不應該獲得荊州土地，又賴著荊州不還，那接下來一系列問題，都是劉備活該，因為你理虧。

其實按歷史來說，劉備軍在赤壁之戰貢獻應該很大，借荊州是筆糊塗帳，孫權並不是完全合理，孫權也有坑劉備的嫌疑。

有人問了，既然羅貫中把劉備軍當主角，那他該為劉備軍合理補充戰績的時候為什麼不補充呢？

羅貫中補了，「舌戰群儒」、「草船借箭」、「鐵索連環」、「借東風」，這不都補了嗎？

這算補嗎？這算劉備軍的戰績嗎？這大多是諸葛亮個人能力的體現而已，而且都是小把戲，壓根不是實際的戰績啊！

羅貫中在這裡不斷吹捧諸葛亮，編了各種情節突出其能力超群，完全忘了替劉備軍編戰績，這是不應該的。

第十八章 曹軍戰船是被劉備燒毀的嗎？

到底是哪方燒曹軍戰船，《三國志》及裴松之引用的史料中均有記載，情況大致如下：

一、裴松之引用的《山陽公載記》記載：「公船艦為備所燒，引軍從華容道步歸。」

從這段史料中，明確說了曹軍戰船是劉備軍燒的。

二、裴松之引用的《江表傳》記載：「瑜之破魏軍也，曹公曰：『孤不羞走。』後書與權曰：『赤壁之役，值有疾病，孤燒船自退，橫使周瑜虛獲此名。』」

注意史料中的關鍵字，「孤燒船自退」，曹操說戰船是他自己燒的。

三、在周瑜的傳記中記載：「蓋放諸船，同時發火。時風盛猛，悉延燒岸上營落。頃之，煙炎張天，人馬燒溺死者甚眾，軍遂敗退，還保南郡。」

同時在周瑜的傳記中裴松之還引用《江表傳》記載：「去北軍二里餘，同時發火，火烈風猛，往船如箭，飛埃絕爛，燒盡北船，延及岸邊營柴。瑜等率輕銳尋繼其後，雷鼓大進，北軍大壞，曹公退走。」

這兩段史料又說曹軍戰船是黃蓋燒的。

那到底曹軍戰船是誰燒的？推測總結出以下觀點：

A觀點，全是黃蓋燒的，史料都寫了「燒盡北船」四個字，就是指黃蓋把曹操的戰船燒乾淨了。至於曹操說是他自己燒的，那是遮羞而已。《山陽公載記》的記載則全不可信。

B觀點，黃蓋燒了，曹操也燒了。曹軍的戰船分為荊州降軍和玄武池水軍，荊州降軍有實戰經驗，站前面，玄武池水軍沒實戰經驗，是嚇唬人的，站後面。黃蓋燒了前面的荊州降軍。曹操決定逃走，但這些玄武池戰船不能送給敵人，所以曹操下令燒掉。因此黃蓋燒了，曹操也燒了。《山陽公載記》的記載不可信。

C觀點，全是劉備燒的。黃蓋詐降燒船是東吳人純虛構的，孫劉聯軍對抗曹軍時，周瑜軍在後，劉備軍在前，應該是劉備軍先火燒曹軍，然後孫劉聯軍再一起追趕曹操。其他記載不可信。

D觀點，劉備燒了，曹操也燒了。在C觀點的基礎上，曹操敗退時，為了不資敵，自己把玄武池戰艦燒了。

E觀點，全是曹操燒的。黃蓋詐降燒船是虛構的，曹操因為瘟疫，自己不想打了，就全燒了。

F觀點，黃蓋燒了、曹操燒了、劉備也燒了。先是黃蓋燒了荊州降軍，曹操下令燒了玄武池軍，曹操坐船逃走，劉備來追，曹操棄船逃向華容道方向，劉備燒了曹操逃命的船，然後向華容道方向追擊。這個觀點符合了史料裡的「公船艦為備所燒，引軍從華容道步歸」的說法。劉備燒的船不是荊州降軍，也不是玄武池戰艦，而是曹操逃命的船。

我個人認為，應該是三方都有燒船的行為，只是不同的史料記載和表述的側重點不同，所以F觀點比較中肯。

那燒完戰船之後又發生了什麼呢？

有人說，我知道，然後是東吳軍隊追擊曹軍，劉備軍沒追，而是去堵曹操的退路去了，就是堵在華容道。

非也，劉備軍也追了。

《三國志．蜀書．先主傳第二》記載：「先主與吳軍水陸並進，追到南郡，時又疾疫，北軍多死，曹公引歸。」

《三國志．吳書．周瑜魯肅呂蒙傳第九》記載：「備與瑜等復共追。曹公留曹仁等守江陵城，逕自北歸。」

所以從史料來看，劉備軍參與了追擊曹操，是有功勞的。

那劉備軍追曹操追到哪裡呢？這就是大家最熟悉的華容道。

華容道不是劉備軍堵曹操，而是劉備軍追曹操，這和演義區別很大。我們來看史料。

《三國志．魏書．武帝紀第一》裡裴松之引用《山陽公載記》記載：「公船艦為備所燒，引軍從華容道步歸，遇泥濘，道不通，天又大風，悉使羸兵負草填之，騎乃得過。羸兵為人馬所蹈藉，陷泥中，死者甚眾。軍既得出……」

發現沒，第一點，沒有關羽放曹操走這麼一說，是曹軍自己跑的。

第二點，這裡有個爭議點，就是曹操是怎麼逃出華容道。

因為道路泥濘，馬蹄子陷入泥中，拔出來費力，所以曹操命令老弱病殘的士兵背著草，在泥濘的道路上用草鋪路，騎馬的人這才得以通過。但是這些鋪路的士兵被騎馬的人撞倒踩踏而陷入泥中，死了許多人。曹軍因此走出了華容道。

有一種觀點認為，其實歷史的真相是曹操用老弱病殘的士兵來鋪路，好讓騎馬的踩著他們逃走，因此死了很多人。史書裡略微美化一下，寫成不是用人的身體鋪路，而是讓人用草鋪路，結果發生了意外，騎馬的人踩著鋪路的人就過去了。

史書強調這是意外。但也有人對此產生質疑：首先，泥濘的道路馬都走不過去，鋪上草就能過去嗎？有人說了，鋪厚一點就可以，如果要鋪得厚，那需要鋪多久？這麼長的路，慢慢鋪，這鋪到劉備軍追來也鋪不完。既然需要鋪得厚，路又長，為什麼不派精銳去鋪路，這能鋪得快一些啊！本來就是消耗時間的工作，孫劉聯軍在背後追趕你呢，你還派老弱病殘慢慢鋪，這是故意浪費時間等孫劉聯軍來嗎？曹操好久沒見劉備了，甚是想念，要藉機見一下嗎？

再有，如果是意外，為什麼是大規模意外？你一匹兩匹馬無意撞倒人，踩著人過去了，不會造成「死者甚眾」吧？那只有大部分騎馬的都是踩著人過去的，才會「死者甚眾」吧？

所以後人懷疑曹操這裡是故意用人的身體來鋪路。危急關頭，用老弱病殘的命換高層和精銳的命。

那經歷了這件事後，曹操有沒有痛心疾首，心懷愧疚呢？我們繼續看曹操逃出華容道的狀態：「公大喜。」

是的，你沒有看錯，曹操非常高興，史料中「公大喜」三個字是緊挨著「軍既得出」的。

那曹操為什麼大喜呢？

於是「諸將問之」。

史料記載：「公曰：『劉備，吾儔也。但得計少晚；向使早放火，吾徒無類矣。』」

曹操說：「劉備，我的老對手，就是計謀少，而且下手慢，如果早點放火，我們不就全完蛋了嗎？」

史料後面寫：「備尋亦放火而無所及。」

劉備確實放火了，但沒有趕上曹操。

所以歷史上應該是曹操主力踩著老弱病殘的身體逃出華容道，劉備在後面追，但沒追上，曹操在面前笑，笑劉備計謀少、追趕速度慢。

結合史料，再回答一下劉備赤壁之戰放火的問題。

在上面這段史料裡，給人的感覺是劉備在追擊曹操的過程中放火了。有沒有火燒烏林的戰船不知道，但追擊曹操時有放火。

那我個人認為，這個正符合我前面說的F觀點。

我個人認為，黃蓋放的火，燒的是荊州降軍；曹操放的火，燒的是玄武池水軍；劉備放的火，是在追擊曹操時燒的曹操逃命的船。

第十九章 孫權有資格將荊州「借」給劉備嗎？

借荊州是漢末三國最複雜的事件。我做個比喻，更直接地了解一下這個過程。劉老漢有個別墅叫荊州。北邊有客廳（南陽）、主臥（南郡）、洗手間（江夏）。南邊是四間客房，一間普通裝修客房（長沙），三間毛坯客房（武陵、零陵、桂陽）。因為北邊有個曹強盜，所以劉老漢先僱了個保全小張住客廳，負責打強盜。結果小張跟強盜跑了，客廳少了一大半。於是劉老漢又僱了保全小劉，讓他住在客廳剩下的地方，繼續負責打曹強盜。

後來劉老漢身體快不行了，他讓小劉當了大管家（攝荊州）。

此時曹強盜又占領了洗手間的馬桶，隔壁有仇的孫鄰居占領了洗手間的洗手臺，劉老漢的大兒子占領洗手間的浴缸。小小的洗手間裡，三分天下。

劉老漢死了，小兒子向曹強盜投降了。

這樣曹強盜占領了整個客廳，那大管家只能跑，大管家要去占領主臥，曹強盜半路追上了大管家，大管家被打敗了（長坂）。

此時孫鄰居的人找到大管家，要和大兒子、大管家聯手，一起打曹強盜。

理由是，如果不聯手，曹強盜吃掉你們荊州別墅後，也會來吃我們江東別墅。

大家聯手打敗了曹強盜，但曹強盜的弟弟（曹仁）還占著主臥，而且南邊四個客房之前已經向曹強盜投降了。

注意，最關鍵的幾句話來了。

孫鄰居和大管家聯手一起趕走了占據主臥的曹強盜的弟弟，孫鄰居的人住進了主臥。然後大管家宣布大兒子是別墅的主人（先主表琦為荊州刺史），然後大管家帶著孫鄰居的人一起去南邊四間客房，四間客房立刻投降了。

我們來看一下局面。主臥現在是孫鄰居的人住著。南邊四間客房是劉管家住著。洗手間裡還是三分天下，大兒子在浴缸裡躺著，曹強盜的人在馬桶上坐著，孫鄰居的人在洗手臺洗手。好，問題來了，接下來怎麼辦？

站在大兒子的角度，我弟弟跟強盜跑了，我現在是一家之主，大管家也明確宣布我是一家之主（先主表琦為荊州刺史），大管家占著四間客房，沒事，因為大管家是我的人。但你孫鄰居，你是來幫忙的，現在強盜被趕跑了，你忙也幫完了，孫鄰居，請離開我家，從我家主臥離開。

那站在孫鄰居的角度呢？你家老爺子劉老漢當年殺了我爹，我們兩家雖然是鄰居，但卻是仇敵。之前一起打強盜，那是沒辦法，現在強盜打完了，我們倆又恢復仇敵狀態，既然是仇敵，你讓我離開你家主臥我就離開嗎？再說，主臥啊，整個別墅裡最好的地方，我就這樣不要了？我也捨不得啊！

就在這個時候，大兒子不知道為什麼突然死了。屋主死了，那這房子現在屬於誰？

有人說了，鐵定是大管家的啊。憑什麼？

大兒子沒有兒子嗎？劉老漢沒有其他姪子嗎？怎麼就輪到大管家了？

你大管家過繼到劉老漢家了？是當弟弟，當兒子，當姪子，還是當孫子？否則不合理啊！

但接下來神奇的一幕出現了，大管家宣布，我繼承了房子，我是房子的主人了。

有人說憑什麼？大管家過繼給大兒子了？他算大兒子的兒子，劉老漢的孫子嗎？否則憑什麼他繼承？

如果非要找出大管家繼承房產的理由，那就是劉老漢家疑似有個女兒，她有個兒子，這個兒子過繼給了大管家，大管家如果隨過繼的兒子那邊的話，他也算劉老漢家的人。大管家可以以這個身分繼承。

當然，這都是猜測，總之大管家是繼承了。

那既然大管家繼承了，是房子的主人了，他當然有權利命令孫鄰居離開臥室。

鄰居是來幫忙的，霸占著我的臥室不走了，像話嗎？

但結果呢？孫鄰居確實離開了臥室，但卻和大管家簽了個合約，說是把主臥借給大管家。這就太神奇了，鄰居來幫忙，霸占我的主臥，再把臥室借給我，天下間還有這種道理嗎？

更神奇的是，在合約裡，還不僅僅是借臥室這一處，合約說有幾處都按借的邏輯給大管家，那也就是南邊四間客房，當時是大管家占著的，裡面竟然還有一些算是孫鄰居借給大管家的。而且後來孫鄰居的人來討要時，張口要三間客房，並不是臥室一間。這就更神奇了，憑什麼算你孫鄰居借給大管家的？這完全說不通啊！

尤其是南邊四間客房，大管家先是承認大兒子是別墅主人，自己是主人的大管家，然後去了四間客房，四間客房立刻投降，為什麼？他們是在向大兒子投降，我們原本是劉老漢的家丁，現在大兒子明確是接班人了，我們當家丁的向大兒子投降，天經地義。這中間關孫鄰居什麼事？憑什麼連四間客房的部分地盤都算是孫鄰居借給大管家的？完全沒道理啊！

但更神奇的是，大管家竟然承認了，他認為確實是孫鄰居把幾間房借給他，他也確實應該還，他只是爭論什麼時候還。

這是什麼邏輯？大管家是名正言順地接替大兒子的，他是別墅的主人，怎麼會承認幾間臥室是鄰居借給他的？

這個問題，我以前百思不得其解。但突然有一天，我想明白了。想不通的原因，是因為我堅持一件事，那就是在大管家的心中，他認為自己是大兒子的接班人，如果堅持這件事，那永遠想不通。假如換個角度，在大管家的心中，如果他認為自己也是強盜呢？有人說，大管家怎麼會認為自己也是強盜呢？這是什麼邏輯？

大家看，孫鄰居為了打曹強盜，他暫時跟大兒子是友好關係，現在曹強盜被趕跑了，那孫鄰居和大兒子又成了仇人關係，孫鄰居成了新的強盜，他也是來搶大兒子家的，他和大管家是盟友。現在大兒子死了，如果大管家和孫鄰居還是盟友，那大管家就是和孫鄰居一夥的強盜，也是來搶別墅的。所以前面說的合約就是在一種分贓邏輯下產生的。

那怎麼分呢？按出力大小來分。誰出力多，誰分得多。

我們依據史料推理一下不同時期孫劉兩家的出力情況。

第一期，從赤壁之戰開始到趕走曹強盜。這時期大管家做了什麼？大管家和孫鄰居一起追擊曹強盜，曹強盜坐船逃命，大管家燒了曹強盜的船，曹強盜只能棄船騎馬逃向華容道，大管家追趕到華容道，慢了一步，曹強盜已經跑了。按關羽的描述，大管家在這段時期每天忙得睡覺都不脫盔甲，確實出了力。但大管家出的力在這階段只發揮輔助作用，沒有孫鄰居出力大，我們就按三七算，大管家出力是三，孫鄰居出力是七。

第二期，打主臥。打主臥的時候，大管家和孫鄰居交換了軍隊，大管家拿張飛和一千人換了孫鄰居兩千人，所以打主臥的時候，張飛帶著一千人也參與了。而且關羽負責絕北道，截斷曹強盜弟弟的後路，這對於打下主臥作用也很大，所以出力也按三七算吧，大管家出力三，孫鄰居出力七。

第三期，分四間客房。之前按照繼承邏輯，四間客房是向大兒子投降的，大管家繼承大兒子，跟孫鄰居沒關係。但現在是強盜分贓邏輯。四間客房，是大管家帶著交換來的孫鄰居的兩千兵一起去的，那就算是共同財產，就不是大管家一個人的。

有人說了，孫鄰居才來兩千兵，這還共同財產？那我們就需要研究一下大管家去南方四間客房時，他手裡可能有多少兵。諸葛亮曾經對孫權說，大兒子有一萬兵，我們大管家也有一萬兵。大管家的一萬兵是關羽水軍和長坂戰敗逃回的兵組成的。那現在的局勢是什麼？是關羽水軍在絕北道，大管家和張飛只帶著長坂戰敗逃回的兵，這些兵不多，所以大管家才用張飛加一千兵換孫鄰居兩千兵，這樣能多換出一千兵。由此可見，大管家手下的兵確實不多，如果多，也沒必要這麼換。

所以大管家去南方四間客房，帶的是長坂逃回的兵減一千加兩千孫鄰居的兵。

這長坂逃回的兵，還減去一千，與孫鄰居兵來對比，這出力算幾成呢？我們按四六來算吧，大管家出力六，孫鄰居出力四。那也就是南方四間客房的價值，大管家有六成，孫鄰居有四成。

那我們算個總帳，假設主臥值一百元，孫鄰居占七成，就是七十元，大管家占三成，就是三十元。

四間房客裡有一間普通裝修的（長沙）算七十元，剩下三間毛坯的各算三十元，四間客房一共價值一百六十元，大管家占六成，就是九十六元，孫鄰居占四成是六十四元。總計，大管家一共算一百二十六元，孫鄰居算一百三十四元。

但大管家對外的身分是大兒子的繼承人啊，他必須占領這些地方，所以對外來看，主臥和南方四間客房必須全部讓大管家占領，這等於占領了價值二百六十元的地盤，但按強盜分贓邏輯，大管家只應該占價值一百二十六元的地方，那你多占了的價值一百三十四元的地方怎麼算？只能算借的。

一百三十四元是什麼概念？相當於大管家借了一間主臥加一間毛坯客房，以後要還這麼多。那如果大管家不想還主臥怎麼辦？那就是換一間普通裝修客房，加兩間毛坯客房，一共三間房。所以我們看史料，孫鄰居要求大管家還哪裡？「備既定益州，權求長沙、零、桂，備不承旨。」

長沙是普通裝修客房，價值七十元，零陵、桂陽兩間毛坯客房，各價值三十元，一共一百三十元，這就對上了。

在外人看來，大管家是名正言順的大兒子的接班人，得到了主臥和南方四間客房。但按大管家和孫鄰居的強盜分贓邏輯是你劉備欠我一百三十四塊錢，算整數，你也得還我一百三十元。要麼是主臥+一間毛坯客房，要麼是一間普通客房+兩間毛坯客房，還錢的方式你自己選。

所以魯肅找關羽要荊州時，張口就是你還我三個郡。

所以呂蒙第一次奇襲荊州時，奇襲的就是長沙、零陵、桂陽這三個郡。

說到這裡，大家可能覺得已經把借荊州的帳弄清楚了。其實不然，還有更說不清的問題。比如在黃蓋傳裡，記載黃蓋是武陵太守。武陵就是南邊四間客房裡的一間毛坯客房。在大管家的地盤裡，怎麼會出現黃蓋當太守？有人說會不會是史料弄錯了？

但在諸葛亮傳裡有這樣的記載：「曹公敗於赤壁，引軍歸鄴。先主遂收江南，以亮為軍師中郎將，使督零陵、桂陽、長沙三郡，調其賦稅，以充軍實。」

發現沒有，諸葛亮只收零陵、桂陽、長沙三個郡的稅收，唯獨沒有武陵。可能武陵當時就在黃蓋手裡。

那為什麼會出現這種情況？我認為這就是孫權坑劉備的地方。

孫權很可能在借荊州問題上弄了三套邏輯。第一套，官方邏輯。大管家劉備是劉琦的延續，主臥和四間客房都歸劉備。第二套，強盜分贓邏輯。你劉備雖然占著這些地方了，但親兄弟明算帳，你欠我的一百三十塊錢得還。第三套，人情邏輯。

你劉備都娶我妹妹了，我們是一家人了，表面上四間客房都歸你，暗中我的人黃蓋占著其中一間毛坯房，這個不算你還錢，你還欠我一百三十元，這個算你孝敬我這大舅子的。

你看，按我這邏輯，就解釋了，為什麼劉備是名正言順的繼承人，但卻自己承認他是找孫權借的地盤。為什麼劉備占荊南四郡，收稅只收三個。為什麼劉備明明只借了一個南郡，孫權的人張口要劉備還三個郡。

那借荊州問題說完了嗎？還沒有。

大家考慮一個問題，為什麼孫權要把價值一百三十元的地盤借給劉備。他比劉備強大，他完全可以不借啊！

按照周瑜的建議，他想把劉備軟禁起來，把關羽、張飛分化掉，讓劉備這個勢力徹底消失。那孫權為什麼要借給劉備地盤呢？

因為孫權把地盤借給劉備有三大好處。

第一，現在孫權的兵權在周瑜手裡，而周瑜想把兵權帶到益州去，局勢很嚴峻。孫權把價值一百三十元的地盤借給劉備，讓劉備快速發展起來，劉備會感恩孫權，孫權能使用一個有實力的劉備來制衡周瑜。真到了局勢不可控的一步，孫權可以讓劉備去攻擊周瑜。有一個有實力的劉備感恩著孫權，周瑜也不敢亂來。

第二，曹操雖然敗了，但仍讓樂進駐守在襄陽，時刻有可能來攻打江陵，也就是曹操派樂進住在主臥大門口，時刻會來攻擊主臥。如果敵人不斷來進攻，大家不一定守得住主臥。所以把主臥借給劉備，要捱打，你挨著，別打我，你就算沒扛住，地盤丟了，你也得還我錢。但如果是我孫權自己丟了主臥，那誰彌補我這損失？還有，敵人不斷騷擾你，來搞破壞，會削弱你的發展。為什麼關羽在荊州十年發展緩慢？因為樂進、文聘三天兩頭來打關羽，一會兒俘虜你一些軍隊，一會兒燒你的戰船，你怎麼發展？但孫權呢？自己回去發展江東和交州，基本上不被影響，等我孫權實力上來了，你關羽在主臥卻一直發展不起來，那我隨時都能奪回主臥。

還有，交州的吳巨是劉備的朋友，本來劉備是打算去交州發展的。如果孫權不借地盤給劉備，孫權占領荊州，劉備占領交州。這可好了，交州歸劉備，而孫權在荊州還捱打，太虧了。所以調換一下，把荊州借給劉備，讓劉備去捱打，劉備還欠我錢，我還能去占領交州。

所以總結，魯肅教孫權的借荊州計畫的意義：一、制衡了周瑜。二、自己不用捱打。三、能占領交州。四、自己能在安全的環境下快速發展。

所以你看，魯肅的借荊州計畫其實是在下一盤大棋。

所以五年後，孫權來要帳了。

劉備不給，孫權直接派呂蒙搶了三間客房，正好價值一百三十塊錢。劉備不服，帶了五萬兵來，要跟孫權打架。

魯肅建議談判，雙方就溝通。

最後決定，以湘水劃界，湘水以西的主臥、毛坯客房武陵、毛坯客房零陵歸大管家。湘水以東的浴室、普通客房長沙、毛坯客房桂陽歸孫鄰居。

那這麼分合理嗎？我們來看，大管家劉備獲得一間主臥，兩間毛坯客房，加起來一百六十元。按之前的分贓邏輯，大管家貢獻價值一百二十六元，等於他白賺了三十四元。

但是注意，我們一直沒說一個地方，那就是洗手間，也就是江夏郡。在赤壁之戰前，那裡是三分天下，曹軍占了馬桶，劉琦占了浴缸，孫權占了洗手臺。在劉琦死後，劉備接替，那劉琦占的浴缸就歸劉備。現在湘水劃界，明確說湘水以東的洗手間歸孫權，那也就意味著洗手間的浴缸現在歸孫權了。洗手間值多少錢呢，比主臥便宜，比普通客房貴，就按八十五元算吧，我們算浴缸占洗手間的三分之一，那就是二十八元，剛才說劉備白賺三十四元，現在劉備又給了孫權二十八元，等於劉備只賺了六元。這一點可以忽略不計，帳目等於是平了，這兩人可以說是誰也不欠誰了。

所以說，湘水劃界後，劉備就不欠孫權的了。四年後，西元二一九年，孫權軍白衣渡江消滅關羽，這就是偷襲，和借荊州還帳沒有任何關係了。

許多人說白衣渡江打關羽是因為劉備欠帳不還，這其實是錯誤的。四年前帳就兩清了。

好，還有最後一個問題，劉老漢的大兒子劉琦是怎麼死的。

其實只要劉琦活著，孫權就理虧，你是來幫忙的，憑什麼賴著主臥不走。只要劉琦活著，大管家劉備就無法獲得荊州地盤，所有權是大公子的，和你一個管家沒關係。

按照這個邏輯來看，劉琦之死的受益者，不僅僅是大管家劉備，鄰居孫權也是受益者。

所以A可能，劉琦是自然死亡。B可能，劉琦是被劉備害死的。C可能，劉琦是被孫權害死的。D可能，劉琦是被劉備和孫權聯手害死的。我個人認為，除了A可能，別的選項都有可能，其中邏輯上面已經說過了。

第二十章 劉備列舉了劉璋的哪些罪狀？

第一大罪過，縱容手下罵劉備不是男人，這是人格侮辱。

劉璋的手下張裕說劉備無鬚，在當時成年男子不能沒鬍子，如果沒鬍子，會被嘲笑是太監。所以大家記憶中趙雲、周瑜是帥哥，他們沒鬍子，那是不可能的。

而劉璋的手下竟然在宴會中公然說劉備無鬚，這問題就很嚴重了。有人說無鬚是說下巴上沒鬍子，劉備只是下巴上不長鬍子，但嘴唇上面還長，也有人認為劉備是徹底沒鬍子。但劉璋手下的意思是說劉備徹底沒鬍子，那就等於公然在宴會上罵劉備是太監。而劉璋竟然縱容手下，沒有斥責，這難道不是劉璋的罪過嗎？同樣當人家的藩屬，你看孫權的手下有敢侮辱劉備的嗎？這就是差距啊，同樣是生活在大漢的軍閥，做人的差距怎麼就這麼大呢？

有人說了，不對，是劉備先罵劉璋手下的，他先笑話人家是大鬍子，人家才說他是沒鬍子的。

我站在劉備的視角舉個例子。我劉備來到劉璋這裡，相當於新娘子嫁到益州，劉璋給了彩禮「米二十萬斛，騎千匹，車千乘」。到了益州，劉璋迎親的隊伍非常豪華，「率步騎三萬餘人，車乘帳幔，精光矐日」。然後酒宴怎麼樣呢？「歡飲百餘日」，三個多月天天擺酒宴。怎麼樣？這排場羡慕吧？就在這期間的筵席中，我看見一個男方家的小朋友，我說這小朋友年齡不大，鬍子不少啊！結果這小孩說，新娘子，妳頭頂怎麼不長頭髮？所有人都看著我啊，我是新娘子啊！竟然被人說頭頂沒頭髮，這侮辱人了吧？我是長輩，我能說小孩，小孩能說我嗎？當然，童言無忌，小孩不懂事，但大人不懂事嗎？我不跟小孩計較，你新郎官呢？你是不是得出來訓斥小孩，這是你男方家的啊！結果呢？新郎官無動於衷，不加以制止，那我就糊塗了，這到底是新郎官缺心眼，還是新郎官太有心眼了，故意給我來個下馬威，故意讓我丟人，要壓我這新來的新娘子一把。無論是沒心眼，還是太有心眼，這種場合出現這樣的事肯定不合適吧？這就是新郎官劉璋第一個得罪我的地方。

還沒完，還有第二次，我嫁到你家來，你家有四套大別墅，巴郡、蜀郡、廣漢、犍為。按道理，這個家有我一半，四套別墅，你是不是得分我一半？結果一套都不分給我，這還是人嗎？不分別墅，這是對我的侮辱，這是劉璋的第二大罪過。

有人說了，那你之前嫁孫權的時候，孫權也沒分你啊！

劉備說了，那不是把江陵大別墅送給我了嗎？

有人說了，那是借，不是送。

劉備說了，借……就是個說法，我也沒打算還啊，那跟白送我有什麼區別。所以你看，孫權捨得送我江陵大別墅。劉璋讓我住院子裡的警衛室。

有人說了，那沒錯啊，劉璋請你來，就是讓你來看門的，你住警衛室也應該。

劉備說了，非也，我是劉璋明媒正娶娶回家的，是正經八百的聯盟，地位是相等的，只是我善於守門才一直當保全的，而且強盜曹操快來了，我知道怎麼對付強盜曹操。劉璋懂嗎？能對付曹操是我的能力，守門是我以前的工作，但不代表我必須去守門，就好比你家娶了一個新娘子，她以前是當保全的，所以她就不能睡臥室，必須睡大別墅的警衛室嗎？這合理嗎？

有四套別墅，一套都不給我，讓我這個新娘子住警衛室，這是對我的第三次侮辱，劉璋的第三大罪過。

即便是睡警衛室，新郎官劉璋還派了兩個小孩來看著我，一個叫高沛，一個叫楊懷，兩個小孩把我當賊一樣防著，這就過分了吧？

你對比一下，孫權是白送我大別墅江陵。劉璋讓我住警衛室，這差距太大了。孫權送我大別墅，我自己住，他也不管。劉璋這倒好，我都住警衛室了，還派兩個小孩看著我，這是不信任我啊，夫妻之間，不信任就是罪過，猜疑就是罪過，你怕什麼？怕我偷你家警衛室裡的東西？無論是哪種，這都是對我人格的侮辱，我是什麼人？

曹操峻急，我寬厚，曹操暴虐，我仁慈，曹操狡詐，我忠誠。我就是因為與曹操相反，所以才有今天的成就，我是寬厚、仁慈、忠誠之人。你新郎官劉璋派兩個小孩看著我這個寬厚、仁慈、忠誠之人，就是對我的第四次侮辱，這是劉璋的第四大罪證。

有人說了，劉備啊，有沒有可能，是你自己把自己當成了新娘子，把劉璋當成了新郎官呢？有沒有可能站在劉璋的角度，他是雇主，你就是他僱來的保全呢？

讓保全住警衛室，再找兩個小孩看著保全，這是正常操作，是不是你想多了？

劉備說了，不可能，如果是這樣，他為什麼給我那麼多東西？

有人說了，這就是聘請保全的錢，這不是很正常嗎？

劉備說了，不可能，絕對不可能。我是皇親國戚，荊州的首領；劉璋也是皇親國戚，益州的首領，我們倆地位是平等的，如果是合作，只能是新郎新娘，不能是雇主和保全，看不起誰呢？如果在劉璋心裡我們是雇主和保全的關係，那就是他在侮辱我。

還沒完，我要繼續控訴劉璋，他還有第五大罪證。

曹操的樂進在打關羽，關羽是我弟弟，也就是劉璋的小舅子，你小舅子在捱打，我要回去救，你這個當姐夫的是不是應該主動表示？結果他一言不發！別人家小舅子出事了，當姐夫的都是砸鍋賣鐵，甚至把自己爸媽家房子賣了來幫助小舅子，這才是男人啊！劉璋呢？裝不知道，這就是在侮辱我，這是他的第五大罪證。

既然你裝傻，那我就挑明了，我要去救我弟，你給我軍隊一萬，還有糧食、木材、石料、鐵礦這些資源，誰讓你是當姐夫的呢？

有人說了，有沒有可能劉璋不是姐夫，劉璋是雇主呢？你是他僱的一個保全，你弟弟出事了，跟雇主有什麼關係？

劉備說了，我不管，關羽就是劉璋的小舅子，他必須掏錢。

結果你們都想不到，我要一萬兵，劉璋只給四千，我要的糧食、木材、石料、鐵礦，劉璋都只給了一半。這就是劉璋的第六大罪過。

總結一下。

第一罪，縱容小孩侮辱我。第二罪，四套別墅不分我。第三罪，逼我住警衛室。第四罪，在警衛室派人看著我。第五罪，我弟弟出事他裝不知道。第六罪，我要的資源只給了一半。劉璋六次侮辱我，我該怎麼辦？反了！必須讓劉璋淨身出戶。

於是我開始攻擊劉璋的東州家丁隊，隊長護軍李嚴投降了我，為什麼？為什麼李嚴這個家丁隊長會背叛他而投靠我？這就是得道多助，失道寡助。

有人說了，是不是你勾結了家丁隊長，或是對家丁隊長許諾太多？

劉備說了，那也是劉璋失德啊，為什麼我能給家丁隊長更好的待遇，劉璋卻不給？因為劉璋冷漠自私，因為他格局小。而我格局大，我甚至願意把益州整個府庫都分給將士們，我一點不要，全部給你們。

這就是仁慈戰勝自私，正義戰勝邪惡，這叫天降正義。

好，劉備的角度看完了，我們再看劉璋視角。

劉璋說了，我請了一個女保全，結果女保全把自己當女主人了，她弟弟出了事要用錢，憑什麼找我要啊？她又不是我老婆，但我仁慈，給了她要求的一半，結果她還不滿了，居然來打我，那我能慣著她嗎？我派家丁隊長去揍她，結果她收買了我的家丁隊長，他們變成同一陣線了。

說到這裡，大家也都明白，劉備加到劉璋身上的都是「欲加之罪」，都是為了攻打益州師出有名，因為益州是「隆中對」裡的重要一環。

第二十一章 劉備是如何攻下成都的？

一、劉備為何一年都打不下劉璋的雒城？二、為何一年後劉備突然打下了雒城？三、為何抓住張任是在城外？四、為何雒城的主帥劉循沒被抓住？五、為什麼和張任一起在雒城的劉璝沒被抓住？六、成都城裡有三萬精兵，劉璋之前為什麼不派這三萬精兵去打劉備？

我解答的關鍵，四個字，掎角之勢。

因為雒城距離成都只有一百多里，運輸隊和步兵援軍四五天就能到。雒城是個門板，它背後有一個策略支援地叫成都，成都源源不斷地向雒城提供補給和援軍，劉備當然打一年也打不動。

這個局勢就跟孫權打合肥是一樣的，合肥是個門板，它背後有壽春這個策略支援，所以孫權打不下合肥跟有沒有張遼沒太大關係，跟壽春這個策略支援地有很大關係。後來滿寵守合肥，吳軍也打不動；張特守合肥，吳軍還是打不動。為什麼？因為有壽春。

有人說了，劉備和孫權都太笨了，打什麼門板啊，去打策略支援地啊！劉備繞過雒城去打成都不行嗎？孫權繞過合肥去打壽春，這不就搞定了嗎？

確實，成都和壽春都是策略支援地，但它們可不只是策略支援地，它們是攻擊型的策略支援地。你以為劉備能打下成都嗎？你以為孫權能打下壽春嗎？而且你繞過去了把後背亮給了敵人，雒城和合肥可以出兵打你後背，到時候你腹背受敵。

我們很多時候總覺得古人是傻子，自己比歷代帝王將相都聰明，事實上這是個錯誤的想法。古代科技落後，但智力並不落後，以我們現代人經歷的事所產生的這點實踐經驗來跟古代帝王將相相比，我們誰都比不上。人家是指揮成千上萬的人口、資源產生的經驗，我們大多數人連累積這種經驗的基礎都沒有。許多時候史書裡看似弱者的昏招，其實在當時都已經是最優解了，只是我們不了解那些帝王將相面臨的實際環境，而且這個最佳解，也不是個人意志，是一群高層的集體意志。

那劉備最後破了劉璋的掎角之勢沒有？

破了，怎麼破的？因為張飛、諸葛亮、趙雲三路軍隊到了成都城外。這個時候，如果成都的運輸隊、援軍去支援雒城，就會被張飛、諸葛亮、趙雲三路軍隊攻擊，所以換言之，成都也進入了防禦姿態，無法再支援雒城了，後來便被劉備攻破了。

注意，問題來了，如果雒城被攻破，那不光張任，劉循和劉璝也跑不了，但為什麼只有張任被抓，劉循和劉璝沒被抓？

我的推理是：在張飛、諸葛亮、趙雲軍快要逼近成都時，注意，是逼近，還沒有合圍。這時劉璋意識到成都將要被合圍，一旦被合圍，就無法再援救雒城，雒城將變成孤城，很快就會被攻破。所以，現在只有放棄雒城，讓雒城的軍隊退守成都，與成都軍合在一處，而雒城依然在被劉備軍圍攻著，雒城軍要想去成都，那就只有強行突破。張任可能就是負責強行突破的，後來突破成功，大公子劉循和宗室劉璝退入了成都，張任本人卻在城外被活捉了。

攻下雒城後，劉備、諸葛亮、張飛、趙雲四軍立刻合圍成都。

我剛才說的六個問題，我解答了五個，最後一個問題，成都城裡有三萬精兵，劉璋之前為什麼不派這三萬精兵去打劉備？

事實上，之前打劉備的就是這三萬精兵裡的一部分，劉璋派劉璝、泠苞、張任、鄧賢、吳懿去救援涪城，當時吳懿排名最後，他的身分是中郎將，那前四人也至少都是中郎將，中郎將就能指揮五千人，這五個中郎將，總共指揮兩萬五千人。後來吳懿投降了，如果吳懿是帶著他的軍隊投降的，那就少了五千人，劉璋還有兩萬人，這兩萬人退到綿竹，在綿竹與劉備交戰，損失不明。因為護軍李嚴的投降，綿竹失守，剩下的人又退到雒城。劉璝、張任是明確退到雒城的，如果他們滿員，那就是一萬人；泠苞和鄧賢下落不明，假設他倆其中一個人領兵跟著張任進了雒城，那退守雒城的人就是一萬五千人，加上之前駐守雒城的大公子劉循軍，假設劉循軍也是五千人，那雒城就有兩萬人。假設雒城被劉備強攻了一年，傷亡一萬人，這一年成都的援軍又來了一萬人，那雒城就還有兩萬人。假設張任帶本部五千人去突圍，剩下的一萬五千人進入成都，那五千突圍的人被劉備消滅了。結果就是成都城裡有三萬精兵，其中有原本駐守成都的三個軍一萬五千人，還有從雒城退守過來的三個軍一萬五千人，這就是三萬精兵的組成，這都是我的推理。現在成都還有三萬精兵和夠吃一年的糧食，城外是劉備、張飛、諸葛亮、趙雲四支軍隊，雙方僵持上了。其實劉璋的優勢不小，三萬精兵加一年的糧食，這劉備打起來，也不是那麼容易，但劉璋投降了。有人說了，劉璋膽子小，被嚇壞了。非也，十四年前，還在成都，劉璋被數萬軍隊合圍，劉璋絕地反殺，追擊敵軍，一口氣打到江州。歷史重演了，劉璋再一次被合圍在了成都，而且這次比上次強，上次他手裡只有難民，這次手裡有三萬精兵和一年的糧食，但他選擇了投降，這又是為什麼呢？

我們先來看關於劉璋投降的記載：「十九年，進圍成都數十日，城中尚有精兵三萬人，穀帛支一年，吏民咸欲死戰。璋言：『父子在州二十餘年，無恩德以加百姓。百姓攻戰三年，肌膏草野者，以璋故也，何心能安！』遂開城出降，群下莫不流涕。先主遷璋於南郡公安，盡歸其財物及故佩振威將軍印綬。」

注意關鍵點，「吏民咸欲死戰」，就是城裡的官吏和百姓都要死戰，不願意投降，而劉璋反而要求投降，這是為什麼？

有人說了，因為劉璋沒骨氣。

如果真是這樣，那十四年前，劉璋也是被兵困成都，他是怎麼絕地反殺的？

那我們來對比一下十四年前和這一回的情況，十四年前兵困成都的是誰？跟劉璋一起絕地反殺的又是誰？

十四年前，圍困成都的是益州本地人，本地人在打成都的劉璋，跟劉璋一起反殺出去的是城裡的東州難民。東州難民為什麼要跟劉璋一起反殺出去？因為不拚命就死了。

史料記載：「咸同心并力助璋，皆殊死戰。」

那十四年後的今天是什麼情況？包圍成都的除了劉備的荊州兵，還有什麼兵？那就是東州兵。李嚴帶著中軍，也就是東州兵主力投降了劉備，因為東州兵跟劉備了，那益州兵就站在東州兵的對立面幫劉璋，所以張任、嚴顏這些本地人都拚命反抗劉備。

那現在成都城裡的「吏民咸欲死戰」，這些吏民是什麼人？就是益州本地人。歷史很有趣。十四年前，是本地人包圍成都，要除掉劉璋和外地人。十四年後，是外地人包圍成都，要除掉劉璋和本地人。

回到「吏民咸欲死戰」，為什麼在這個情況下劉璋選擇了投降？

因為站在劉璋的角度看，上次有勝算，這次就不一定了。

當初劉璋的父親劉焉身為外地人到了益州，打壓本地人，收攏外地難民，所以劉焉和外地人的關係很好。劉璋接班後，外地人和劉璋也是一條心的。

但現在不一樣了，外地人投降劉備了，原本被劉璋壓制的本地人轉而幫助劉璋，那這個忠誠度可靠嗎？

好比你家鄰居，你一直欺負他，欺負了十四年，現在因為要和別的社區的小孩打架，他暫時跟你同盟了，他對你的忠誠度，你敢相信嗎？

劉璋壓制益州本地人十四年，現在劉備包圍了成都，益州本地人要為劉璋拚命，劉璋敢信嗎？本地人中沒有刺殺自己投降劉備的就謝天謝地了，他敢指望本地人死戰？

所以對於劉璋來說，直接投降是最好的選擇。

投降後的劉璋被劉備弄到荊州南郡看管起來，後來南郡被呂蒙占了，劉璋歸了孫權，孫權為了對付劉備，封劉璋為益州牧，讓劉璋駐守在秭歸。秭歸是益州和荊州的交界處。秭歸的東邊有個地方叫夷陵。

劉備發動夷陵之戰的時候，駐守在秭歸的東吳益州牧就是劉璋，這可能也對劉備的用人造成了一定的顧慮。

第二十二章 劉備入主成都後如何安排蜀漢班底？

劉備進入成都後，他手下的派系更複雜了，這需要重排一下座次。為了方便理解，我們借用《水滸傳》裡的綽號給劉備軍排排座次。

一、天魁星：呼保義劉備。二、天罡星：玉麒麟吳懿（東州＋外戚）。三、天機星：智多星諸葛亮（荊州）、董和（東州）。四、天閒星：入雲龍法正（東州）。五、天勇星：大刀關羽（宗室）。六、天雄星：豹子頭張飛（宗室）。七、天猛星：霹靂火馬超（軍閥）。八、天威星：雙鞭黃權（東州）。九、天英星：小李廣李嚴（東州）。十、天貴星：小旋風費觀（東州＋前外戚）。十一、天富星：撲天雕彭羕（益州）。有人說了，黃忠呢？趙雲呢？你憑什麼這麼排？有什麼邏輯嗎？

看史料，《三國志．蜀書．先主傳第二》記載：「先主復領益州牧，諸葛亮為股肱，法正為謀主，關羽、張飛、馬超為爪牙，許靖、麋竺、簡雍為賓友。及董和、黃權、李嚴等本璋之所授用也，吳一、費觀等又璋之婚親也，彭羕又璋之所排擯也，劉巴者宿昔之所忌恨也，皆處之顯任，盡其器能。有志之士，無不競勸。」

我們根據史料一點點來看。

「諸葛亮為股肱，法正為謀主」。

諸葛亮是山東人，也是荊州黃家的女婿。

荊州的蔡蒯龐三家跟曹操跑了，黃家沒兒子，女婿諸葛亮接班。龐家兒子跑了，姪子龐統接班。所以形成了以諸葛亮、龐統為首的荊州派。

法正是東州派，什麼叫東州派？以三輔人和南陽人為首的非益州人難民，全叫東州派。法正就是三輔難民，進入益州找飯吃，法正原本是東州派裡混得最差的，但因為聯合劉備入川，一躍成為東州派裡最風光的，他是劉備的隨軍謀士之首。

我們看一下陳壽的行文結構，他說荊州派的諸葛亮是股肱，東州派法正是謀主，這就已經把局勢描述明白了。這兩人各自身為本派系的代言人，是一種制衡關係。

然後「關羽、張飛、馬超為爪牙」。

關羽、張飛是宗室，是劉備的心腹。許多人說為什麼劉元起、劉子敬、劉德然沒記載了，他們為什麼沒在劉備勢力裡任職？這是因為劉備沒在河北發展，去徐州的時候身分還比較低，宗族也不認為他會有什麼大成就，自然不會跟他走。有人說了，那劉備現在混得好了，成為益州之主了，他們為什麼還不來呢？第一，從涿州到成都實在太遠了。第二，他們現在屬於曹魏的百姓，想走就能走嗎？第三，他們是劉備的族人，不會被曹魏特殊關注嗎？哪有自由？

劉備沒有族人當宗室，那就只有關羽、張飛當宗室，因為他們「恩若兄弟」。

接著是馬超，此時馬超身上有好幾個標籤，第一、降將。第二、曾是獨立的軍閥。第三、邊疆人。第四、他帶著氐人軍團。

如果是在曹魏或東吳，邊疆來的降將是徹底沒政治力量的，當權者不會重用你。何況你又曾是獨立的軍閥，當權者更不敢重用你。

但問題是他帶了大量的氐人軍團，這怎麼處理？你如果現在打壓馬超，那氐人軍團不鬧事嗎？

劉備把馬超軍團送到了戰區當門板，這個戰區就是荊州南郡。一方面能讓手握重兵的關羽盯住馬超；另一方面，讓馬超軍團防禦著曹魏。

有人說，那氏人軍團願意嗎？讓關羽看著馬超，萬一出事呢？

劉備早就想到了這一點，面子必須給夠，他封馬超為平西將軍，這是重號將軍，關羽還只是雜號將軍，馬超是劉備麾下唯一的重號將軍。

接下來是以「許靖、麋竺、簡雍為賓友」。

注意用詞，「賓友」，說白了就是擺設，是吉祥物。

許靖、麋竺、簡雍雖然地位高，但沒有任何實權，所以不列入排名。

許靖是蜀漢官職最高的人，現在是左將軍長史，左將軍劉備幕府第一人，幕府長史。這是什麼概念呢？孫策是將軍，張昭是長史。把劉備比作孫策的話，許靖的角色就是張昭。

有人說了，不對，劉備已經是大司馬了，而許靖只是左將軍長史，為什麼不是大司馬長史？

因為劉備的大司馬是劉璋表舉的，朝廷不認可，劉備擁有的大漢朝廷授予的官職是左將軍，所以許靖這裡是左將軍長史，就是劉備將軍幕府第一長史。

但劉備在幕府裡又加了一個身分，叫署左將軍府事，就是能決定左將軍幕府的所有事的職位。

因為加了這個職位，原本的幕府長史就被架空了。

而且劉備任命的署左將軍府事還不是一個人，而是兩個人——諸葛亮和董和。

既然不給許靖實權，為什麼還給許靖這麼高的待遇呢？因為許靖是大名士，他早年跟堂兄弟許劭一起主持月旦評，他們評價的人物很多都能當官，當時的名士都很崇拜他們，所以劉備把許靖高高供著，有利於招攬人才。

麋竺是元老了，劉備沒虧待他，面子也給足了，其地位比諸葛亮還高，史料原話是：「益州既平，拜為安漢將軍，班在軍師將軍之右。」

麋竺雖然地位高，但元老派此時已經失勢了，現在是東州派、荊州派龍虎爭霸，元老派沒資格上擂臺，只能在下面當觀眾。

接著是簡雍，劉備的老鄉，很多人說簡雍也算宗室，我認為不算，宗室是心腹，劉備肯定重用，比如關羽、張飛，他們倆是有實權的。簡雍毫無實權，與麋竺情況一樣。

上面史料中的這個名單，就表現出了劉備勢力派系力量的排名。

第一名，荊州派。第二名，東州派。第三名，宗室。第四名，徐州元老。第五名，幽州元老。如果非說還有第六名，那就是被壓迫的益州本地人了。

如果不算益州本地人，那幽州元老就是倒數第一，徐州元老就是倒數第二。

守公安的士仁就是幽州元老。

守江陵的糜芳就是徐州元老。

這樣一看，倒數第一和倒數第二投降了，是不是就好理解了？

有人說，陳壽怎麼這裡不寫黃忠、趙雲、魏延啊？

因為此時的黃忠、趙雲、魏延都不是劉備勢力的高層。

這時是西元二一四年，吳懿、黃權、李嚴是劉備勢力的高層，黃忠、趙雲、魏延不是劉備勢力的高層。這和我們的常規理解完全不一樣。

再往下，陳壽開始寫劉備對劉璋手下人的安排。

「及董和、黃權、李嚴等本璋之所授用也。」

這三人都是東州派的，董和的工作內容是和諸葛亮一樣的，都是署左將軍府事，這是劉備的制衡安排。

比如東州派的法正是謀主，他跟在劉備身邊出主意。那誰來制衡他？荊州派有誰能一直在劉備身邊當高級顧問？有，馬良。

此時馬良人在荊州輔助關羽，劉備把馬良從荊州調到益州來當左將軍掾，跟在劉備身邊。劉備當皇帝後，馬良當侍中，就是皇帝的高級顧問，還是跟在劉備身邊。劉備在首都，馬良就跟在身邊出主意，處理政務；劉備出去打仗，法正就跟在身邊出謀劃策，處理軍務。東州派和荊州派在顧問這個位置上，也形成了制衡。

那劉備去打仗，帶的將軍是誰？黃忠、黃權。這也得制衡。

那留守在家的呢？東州派有李嚴，荊州派有馬謖，他倆都負責平定南方的叛亂。

許多人對馬謖有偏見，認為馬謖沒能力、沒經驗，這個是不對的。

馬謖守街亭時三十八歲，他二十四歲時隨劉備入川，先後當綿竹令、成都令、越嶲太守、丞相府參軍，一共效力了十四年，怎麼會沒能力、沒經驗呢？

有人問了，上面的名單裡怎麼沒有馬良、馬謖呢？因為陳壽在這段文字裡沒寫，那為什麼不寫呢？因為此時的馬良、馬謖不是劉備勢力的高層，跟黃忠、趙雲、魏延一樣，沒有資格出現在這段文字裡。因為要制衡法正、李嚴，所以荊州派後面要提升馬良、馬謖的地位。

那劉璋的舊部裡除了東州的董和、黃權、李嚴被重用，還有誰被重用呢？還有外戚吳懿、費觀，他們既是東州派，又是外戚。外戚這個身分沒有東州派價值高的時候，他們就是東州派，比如吳懿投降劉備的時候。外戚這個身分比東州派價值高的時候，那他們就是外戚，比如諸葛亮彈劾李嚴的時候。

有人說了，吳懿我能理解，他妹妹是劉焉的兒媳婦，後來又是劉備的老婆。這個費觀是誰？費觀的姑姑是劉焉的老婆，是劉璋的親媽，費觀本人又是劉璋的女婿，費觀有個侄子，叫費禕，這可是個大人物，是未來蜀漢的重臣。

接著看名單，下一個是彭羕，益州本地人，代表益州人利益，被劉備提拔為益州治中，益州州府二號人物，代表著益州勢力的崛起，這說明劉備是想提拔一股新勢力入局的。但這個崛起遭到了荊州派諸葛亮的反對，被打壓下去了，沒有形成荊州、東州、益州三足鼎立的局勢。

最後，陳壽提到了劉巴，此人最特別，屬於不願意跟劉備的，他一直躲避劉備，但劉備說誰敢動劉巴，我滅他三族，這感動了劉巴。劉巴算是反劉備勢力，但無路可走，只能為劉備效力，所以陳壽放在了最後。

第二十三章 幾千頭麋鹿真讓蜀漢國力衰弱了嗎？

是的，你沒聽錯，幾千頭麋鹿造成了蜀漢四十八年的國力衰弱。

乍一聽，這是什麼邏輯？請大家聽我細說。

西元二一五年，曹軍在打陽平關，曹軍一旦突破，便會占領漢中、巴西，直逼成都。按道理說劉備現在很危險，但劉備卻無視此事，反而帶領五萬大軍奔往荊州威懾孫權，逼孫權談判。

劉備自信何來呢？就是劉備認為曹操一年內打不下陽平關，劉備可以先威懾孫權放棄荊州的領土，然後再帶兵返回益州，攻擊張魯，守住漢中。

不出意外的話，劉備將獲得荊州、益州包括漢中的所有地盤和人口。

但偏偏出了意外，曹操很快突破了陽平關，占領了漢中、巴西，劉備只得草草結束荊州的談判，只要回一個零陵郡就結束了談判，他快速返回益州，趕走了曹軍。

曹軍雖然被趕走了，但漢中和巴西的幾十萬人口被曹操遷走了，這導致益州人口嚴重流失。

這和劉備原本的預期相比，少了荊州三個郡，少了益州幾十萬人口，造成了不可逆的國力衰弱。

那導致劉備計畫滿盤皆輸的這個意外是什麼呢？竟然是幾千頭麋鹿，聽上去是不是不可思議？

是這樣的，曹操打陽平關。一開始打不動，傷亡很大，曹操決定放棄了，命令夏侯惇召回前軍，但前軍走遠了，沒收到撤軍的消息。後來前軍迷路了，誤打誤撞發現了張魯軍的核心據點。按道理來說，即便曹軍找到了張魯軍的核心據點，其實也打不動，但新的意外出現了——幾千頭野生麋鹿撞壞了張魯軍核心據點的防禦設施，張魯軍沒防禦設施，又看見曹軍來了，便嚇跑了，曹軍不費吹灰之力拿下核心據點，然後攻破了陽平關。

原本曹操都下令撤軍了，因為前軍迷路和出現麋鹿，竟然意外拿下陽平關，從而能一口氣吃下漢中和巴西，曹魏稱這件事為「天祚大魏」，祚是保佑的意思，就是老天爺在保佑曹魏。

所以劉備的計畫再周全，他也不可能算到曹軍迷路和出現幾千頭麋鹿這些意外事件。

有人說了，這個記載也太離譜了，怎麼會莫名其妙出現幾千頭麋鹿呢？當時人都沒飯吃，這幾千頭麋鹿沒被饑民給吃了？

這幾千頭麋鹿如果在別的地方，應該早就被饑民吃了，但在張魯的地盤上不會。因為張魯管理的漢中百姓豐衣足食，安居樂業。有人說了，就算如此，沒獵人去獵殺這些麋鹿嗎？

因為當時張魯規定春夏兩季萬物生長之時禁止獵殺動物。曹操打陽平關是在五月左右，正屬於春夏兩季之間，是張魯禁止打獵的時期，所以才會出現幾千頭麋鹿。

第二十四章 漢中之戰中劉備面臨了哪些挑戰？

從前有座山，山上有個關，關裡有個征西將軍，他叫夏侯淵。征西將軍對小將們講故事，講什麼故事呢？說山旁還是山，山上有據點，據點裡有個蕩寇將軍，名字叫張郃。張郃對小將們講故事，講什麼故事呢？講兩山之間有條道，叫馬鳴閣道，道上有個橫野將軍，名字叫徐晃。那劉備要打的是這個征西將軍的山，還是這個蕩寇將軍的山呢？劉備想了想，征西將軍的關卡是石頭房子，蕩寇將軍的據點是木頭房子，這個橫野將軍守在野外的山道上，他應該是茅草房子。

具體怎麼打呢？劉備自己守在石頭房子前面，也就是守在征西將軍夏侯淵的陽平關前。然後派大將陳式帶一萬兵去打茅草房子，也就是去打馬鳴閣道的橫野將軍徐晃，然後劉備再派一萬人去攻擊木頭房子，也就是去打廣石據點的蕩寇將軍張郃。

《三國志．魏書．張樂于張徐傳第十七》記載：「劉備屯陽平，郃屯廣石。備以精卒萬餘，分為十部，夜急攻郃。」「備遣陳式等十餘營絕馬鳴閣道。」馬鳴閣道是陳倉道與陽平關的連接點，策略地位非常重要，曹操親口說：「此閣道，漢中之險要咽喉也。劉備欲斷絕外內，以取漢中。」

曹操說劉備要切斷馬鳴閣道的目的就是「斷絕外內」，徹底斷絕夏侯淵、張郃、徐晃軍團與外界的接觸，切斷他們與下辯的曹洪軍的聯繫。

劉備這一出手就是狠招，一眼看破戰局的核心點，對著核心點就攻過去了。但是夏侯淵的布局，也很講究，這可以算得上是個陣法了，評書裡稱這個陣法叫天地三才陣。夏侯淵在天陣陣眼，張郃在地陣陣眼，徐晃在人陣陣眼，三陣組成掎角之勢。如果你攻擊天陣的夏侯淵，那人陣的徐晃來救援，你被前後夾擊。如果你攻擊人陣的徐晃，那天陣、地陣同時來救援，你被三路夾擊。

劉備的應對方法很巧妙，我同時攻擊馬鳴閣道和廣石，讓廣石的張郃無法來救援徐晃。有人說了，那夏侯淵從陽平關殺出來去攻擊陳式怎麼辦？劉備本人就守在陽平關門外，你要出來那太好了，就怕你不出來。

陽平關的防禦力非常高，曹操當年是靠運氣才拿下陽平關，你現在讓劉備去正面打下陽平關，可以說毫無可能。所以如果去攻擊馬鳴閣道，能引出夏侯淵，那才是目的之一。

有人說了，夏侯淵又不傻，你劉備守在我門口，就想騙我出門，我才不出來呢！可是後來劉備本人走了，他帶一萬軍隊打張郃去了，留下少量軍隊守在陽平關門口，守將疑似是高翔。夏侯淵這下不怕了吧？劉備本人都走了。

夏侯淵是曹魏核心統帥，當然不會上當，所以夏侯淵並沒有額外分兵去救援馬鳴閣道，還是依靠徐晃去攻擊要絕斷馬鳴閣道的陳式。張郃那裡也被劉備攻擊，也無法抽身去支援徐晃。

結果如何呢？「晃別征破之，賊自投山谷，多死者。」徐晃贏了。張郃那邊呢？

「郃率親兵搏戰，備不能克。」

徐晃、張郃都贏了，那劉備的計畫失敗了嗎？劉備還有機會斷絕內外嗎？有，劉備絕馬鳴閣道的目的是要切斷陳倉道，讓夏侯淵軍無法與下辯的曹洪軍聯繫，既然絕馬鳴閣道失敗了，那就再去切陳倉道，只要能切斷敵軍、孤立敵軍就可以了，切哪裡都一樣。

那誰去切斷陳倉道呢？按照一些學者的推理，他們認為是下辯之戰戰敗的張飛、馬超，他倆切斷了陳倉道，所以下辯的曹洪無法突破他們去援助夏侯淵。

那張飛、馬超為什麼不沿著陳倉道一口氣衝下來，來攻擊陽平關、馬鳴閣道和廣石據點呢？為什麼張飛、馬超不和劉備合兵一處呢？還是劉備認為攻下陽平關很容易，不需要張飛和馬超的支援？

張飛、馬超沒能與劉備合兵一處打陽平關，也恰恰是因為被曹洪、曹休拖住了。大家反過來想想，是不是這樣？

所以也就是曹洪、曹休與張飛、馬超耗上了，我走不了，你也走不了，這兩支軍隊誰都無法去與隊友匯合，互相耗在這裡了。

所以劉備想調張飛、馬超來合兵打陽平關也不可能。

這下好了，雙方的援軍都來不了，劉備與夏侯淵只得陷入僵局。

這個時候，就需要外力來破局了，通俗點說，就是誰的援軍先到誰就贏了。

雙方都在呼喚援軍，劉備寫信給成都的諸葛亮，要求諸葛亮趕快再想辦法調軍隊和糧食過來。這讓諸葛亮都遲疑了，前方什麼情況啊？怎麼還要兵要糧啊？這時一個官員就說了，讓男人全部上戰場，女人全部去當勞工，應當全力支援前線。說話的人是誰呢？叫楊洪，這個名字不重要，重要的是他是李嚴一手提拔的，李嚴是什麼人？東州派核心人物。有人說了，東州派這個李嚴很有實力嗎？他做過什麼事？

李嚴救了蜀漢政權的命。

為什麼這麼說？因為這時出事了，劉備後院起火，數萬賊寇造反，賊軍已經到資中縣了，離成都就一百多公里了。而劉備的主力軍全部壓在漢中戰場，後方沒人了。

如果數萬叛軍打下成都，那就全完了，劉備正面戰場沒吃下夏侯淵，背後家裡又被人偷襲，劉備勢力基本就退出歷史舞臺了。

有人說了，這些賊寇怎麼那麼壞，趁劉備去打漢中就跑來偷襲劉備的家，這也太壞了。

我們思考一個問題，這數萬賊寇在劉備打漢中之前就有嗎？如果是這樣，劉備應該先剿滅他們才對。

那這數萬賊寇是怎麼冒出來的呢？這些賊寇原本又是什麼人呢？

我個人認為，他們原本是益州本地人，這是益州本地人造反。那益州本地人為什麼造反呢？因為益州本地人地位最低，被東州人和荊州人踩在腳下，他們渴望推翻割據政權，所以一直在等待機會，現在劉備軍主力全部在漢中，這是一次很好的機會。

面對這個嚴峻的局面，是誰挽救了蜀漢呢？李嚴，他帶領本郡的五千軍隊，攻擊數萬敵軍，斬殺賊首，讓其他益州本地人回覆戶籍。就這樣，劉備大後方的禍患平息了。

然後大後方按楊洪說的，讓男人全部上戰場，女人全部運送軍資，竭盡全力增援在漢中的劉備。西元二一九年，劉備軍擊殺夏侯淵，最終贏得了漢中之戰的勝利。

第二十五章　劉備封過的最高爵位侯是誰？

有人說是關羽，有人說是諸葛亮，有人說是法正，都不對，明確記載劉備封過最高級別的侯是申耽，他是員鄉侯，是鄉侯級別。

有人問了，這人誰啊？聽都沒聽過，憑什麼比關羽的爵位高？

申耽不光比關羽的爵位高，他還是當時劉備軍最高級別的侯，劉備只封過一個鄉侯，就是他。

大家會好奇，他憑什麼？

申耽還有個弟弟叫申儀，他們是益州漢中郡人，申家在上庸一帶聚眾數千家，注意是家，不是人，如果一家四口人，假設有四千家，那就是一萬多人。申家兄弟聚集了一萬多人，他們先勾結張魯，然後投靠曹軍，曹操封申耽為上庸太守、員鄉侯。注意，這個員鄉侯至少是鄉侯，如果當時有員鄉縣，那這就是縣侯了。漢中之戰後，劉封和孟達來打上庸，上庸申家投降，把老婆孩子及族人都送到成都給劉備當人質，申家是降將，劉備該封他什麼官呢？

劉備當然不能虧待申耽，人家原本是上庸太守、員鄉侯，那還得是上庸太守、員鄉侯，職務和爵位不能變。

這事估計讓很多劉備的手下坐不住了，憑什麼他一個降將，憑什麼職務和爵位照舊？連鄉侯都照舊，那可是鄉侯啊！目前我們劉備軍一個鄉侯都沒有，沒想到這第一個鄉侯竟然是降將，而且是曹操之前封的，怎麼能按曹操封的來封呢？

就在此時，劉備又加了一句，封申耽為征北將軍。

征北將軍啊，什麼概念？重號將軍級別。劉備手下最高級別的就是重號將軍了，原本只有一人，征西將軍黃忠，現在加了一人，征北將軍申耽。

這合理嗎？黃忠能當征西將軍，是因為他帶兵斬了夏侯淵，夏侯淵是征西將軍，劉備把斬了夏侯淵的黃忠封為征西將軍，這裡多少有一些戲弄曹操的意思，所以黃忠這個重號將軍是為了戲弄曹操而特封的，已經不太合理了，但黃忠好歹斬了夏侯淵，那申耽做了什麼，直接投降就封重號將軍了？因為把老婆孩子和族人全給劉備當人質，所以封重號將軍？

當時宗室關羽、張飛也只是雜號將軍，申耽居然能當重號將軍了？

當時荊州派儲君劉封也才是雜號將軍，申耽就是重號將軍了？

這時，劉備又加封一條，申耽的弟弟申儀封建信將軍、西城太守。

此話一出，恐怕趙雲聽了要沉默，士仁聽了要流淚啊！

江北元老派跟了劉備三十多年，也沒一個人當上重號將軍。一個地方豪強，還是投降的，就封重號將軍。

江北元老派的趙雲跟著劉備打博望之戰、長坂之戰、赤壁之戰、荊南之戰，這才混上個雜號將軍。一個投降者的弟弟，什麼也沒做，只是跟著哥哥投降，就成了雜號將軍，立刻當太守了。這合理嗎？

有人說了，劉備是不是腦子糊塗了，打贏漢中之戰後昏頭了，怎麼能這麼封官？

其實你仔細研究一下劉備一路的成長過程，你就會發現，劉備在延續一貫的邏輯，他並沒有昏頭。

劉備在幽州時代，他有關羽、張飛、簡雍、士仁這些將領，這是他的一等手下。

但到了徐州時代，徐州的麋家能供應兵馬錢糧，關羽、張飛、簡雍、士仁這些人不行啊，關羽、張飛算宗室，算劉備兄弟，這另當別論。但簡雍、士仁等人還有地位嗎？怎麼跟能提供兵馬錢糧的麋家比？所以宗室和徐州官員成為一等手下，幽州官員成為二等手下。

接著劉備到了荊州，荊州人能為劉備提供兵馬錢糧，失去江北的徐州人、幽州人也提供不了了，他們兩派地位一樣了，所以荊州人成為一等手下，江北元老成為二等手下。

等劉備又占領益州，東州人成為一等臣子，荊州人稍弱，成為一等半臣子，江北元老依然是二等臣子。

現在劉備新占領了上庸一帶，邏輯上就是上庸人後來居上成為一等臣子，東州派是二等臣子，荊州派是二等半臣子，江北元老變成三等臣子。

邏輯很簡單，後來者居上，誰最後加入，誰待遇最高，最先加入的江北元老那就一直是墊底，每有一方新勢力加入，他們就降級一位。等劉備打下涼州，江北元老就是四等臣子，等劉備再打下司州，那江北元老就是五等臣子。放心，這還不是谷底，大漢有十三個州，江北元老還能再跌，還有潛力。

有人說了，蜀漢首都在益州，依靠東州人我能理解，有必要這麼重封上庸人嗎？

你這麼想，上庸旁邊是哪裡？就是南陽啊，洛陽、許縣的鄰居，大家口中的中原，上庸人投降了劉備是這個待遇，那我們中原人投降劉備不得給三公、縣侯啊！

有人說了，需要這樣嗎？

還真的需要，你仔細想，假設潁川士族鍾繇、陳群投降了劉備，這是不是得三公級別加縣侯？

如果劉備真的打進了中原，這一幕真發生了，你是跟了劉備三十多年的幽州人士仁，想問你有何感想？

有人說了，那曹魏和東吳有這種情況嗎？

先看東吳，孫策從淮泗起家，淮泗人是一等臣子，等到了江東，淮泗人失去了淮泗，無法再持續向孫家提供兵馬錢糧，而孫家在江東，江東人可以持續向孫家提供兵馬錢糧，所以淮泗人得降級為二等臣子，江東人是一等臣子。那這個現象發生了嗎？在孫策時代沒有，因為孫策沒按規矩來，結果孫策就被江東士族的門客刺殺了。孫權接班時，把淮泗人一分為二，分為淮泗征伐和淮泗流寓，他把淮泗流寓當心腹，這就變成了江東人一等臣子，淮泗流寓一等半臣子，淮泗征伐二等臣子。

發現沒有，淮泗征伐和劉備軍的江北人很像，都是跟著打過來，從江北打到江南，都是失去了江北的資源，無法再持續向主公提供資源而變成墊底的。所以這些墊底的人都想投降，劉備這邊的江北人麋芳、士仁投降了；孫權這邊的江北人張昭帶人想投降；江北人周瑜想帶人去益州，想脫離孫權；後來江北元老韓當的兒子也叛逃了。

現在劉備打下上庸，把上庸人封到頂了。那孫權打下交州，有把交州人封到頂嗎？沒有，因為孫權只是名義上攻下交州，交州南部的士燮其實是藩屬，士燮在人家自己的地盤等於是土皇帝，不存在是你孫權幾等臣子的問題，所以交州人不參與這個排序。

有人說了，孫權接下來占領了荊州，孫權的荊州等於劉備的上庸了吧？

邏輯上是這樣的。

孫權應該重封荊州人，封到頂，就像劉備封上庸人一樣，後來者居上。

但孫權並沒有，荊州人除了潘濬、郝普，其他人都沒什麼地位，完全沒改變孫權的整體格局。

有人說了，那不對啊，孫權是不是弄錯了？

你看，劉備重封上庸人，是封給中原人看的，這對於劉備未來占領中原有大作用。

孫權的荊州和益州、司州是鄰居，孫權不知道重封荊州人有利於打下益州和司州嗎？他知道，但是孫權沒打算打益州和司州，因為孫權威望有限，他與江東士族是合作關係，相當於一種共治的模式，占領揚交荊三個州就已經是他的極限了。真占領了益州，益州都督在西，孫權在東，他也管不動。萬一真重封了荊州人，江東人鬧出其他事來，孫權不一定壓得住，他可不想成為第二個孫策。

所以孫權放棄了這個模式，對於孫權來說，占領荊州就好比遊戲通關了，就沒必要重封新投降的荊州人了。

但劉備沒通關啊，他要打進中原呢，那就必須重封最新投降的上庸人，原來的所有臣子都要降一級。那這樣會有問題嗎？會，任何一個決定都有好的一面和壞的一面。

我劉備要誘惑中原人，那就必然導致現在臣子的忠誠度降低，這很正常。

這就是取捨問題，如果你認為你能控制住公司，公司不會亂，還能成功誘惑到中原人，那就可以做。

反過來，如果你威望不夠，像孫權一樣，你認為你可能控制不住公司，也挖不到外面的人，那就放棄。

顯然，劉備和孫權不同，劉備是有雄心壯志的，所以劉備就這麼做了。

那曹操這邊呢？曹操最早的手下大部分是豫州人，主要是曹氏家族豫州人和潁川士族豫州人，所以豫州人是一等臣子。同理，曹操到了兗州發展，豫州人無法再持續供應兵馬錢糧了，而兗州人張邈、陳宮、高順等能供應，所以按道理兗州人應該是一等臣子，豫州人變成二等臣子。但由於種種原因，曹操仍把豫州人當一等臣子，兗州人只能當二等臣子，這和孫策很像，所以出現什麼結果？孫策被刺殺了；曹操的兗州大崩潰，張邈、陳宮、高順帶著兗州人跟呂布了。

後來曹操占領了徐州，那徐州臣子應該當一等臣子了吧？非也，曹操把徐州交給藩屬臧霸管理，自己不管了，這和孫權的士燮很像，所以徐州人不進入曹操這邊的臣子排序。

曹操這邊依然是豫州人為一等臣子，兗州人是叛徒，徐州人不進入排序。然後曹操吃下了豫州和司州，豫州人拿回了豫州，可以重新為曹操持續供應兵馬錢糧了，豫州人坐穩了一等臣子的位子。司州人裡邊，一半是三輔人，大逃亡去了益州，就是新益州人，所以司州缺少人口，強不起來，曹操讓豫州人管理司州，所以在曹操那裡，豫州人還是一等臣子，連個二等臣子都沒有，兗州人永遠是墊底，誰來都比兗州人地位高。

再後來曹操吃下了袁紹的地盤，那怎麼排序呢？北四州裡的青州交割給臧霸管理；幽州是最北面的州，曹操讓幽州人自治了，這樣還剩下并州和冀州。

冀州曾是袁紹的總部，曹操為了統治需求，強行把自己的總部搬到冀州，要提拔冀州人。

這和劉備把首都定在益州，要抬高新益州人一樣。

那豫州人能同意嗎？肯定不同意，所以矛盾出現，豫州人首領荀彧、荀攸相繼死亡。鬥爭越來越激烈，豫州人不願意當二等臣子，暗中扶植大公子曹丕，冀州人和其他勢力一起扶持小公子曹植。

最後的結果是，曹操在多方面因素下，還是向豫州人妥協了，定曹丕當王太子，豫州人依然是一等臣子，冀州人徹底失勢。但曹家的制衡沒消失，豫州人裡有潁川士族和曹家宗室，士族和宗室還繼續鬥。

我們對比一下，劉備起家靠江北人，孫家起家靠江北人，最後江北人都成為墊底的。為什麼曹操起家依靠的豫州人一直堅持到了最後？核心就是曹家奪回了豫州，豫州人重新擁有了豫州，他們能繼續向主公供應兵馬錢糧，因此他們的地位就保住了。

這就是孫家的淮泗人在失去淮泗後，為什麼反反覆覆要求打回淮泗的原因，也就是東吳一次次打合肥的原因。這就是為什麼劉備的荊州人在失去荊州後，一定要打夷陵之戰奪回荊州的原因，荊州人沒了荊州，按規則就要降級了。

第二十六章 孟達提到的「劉備身邊的小人」是誰？

有人說了，孟達是個叛徒，叛徒的話能信？劉備身邊哪有小人？孟達就是為自己叛變找藉口而已。孟達叛變前，寫了一封信給劉備，大概意思是說：以前申生極盡孝道卻被父親懷疑，伍子胥極盡忠誠卻被君上誅殺，蒙恬開拓領土卻身受死刑，樂毅打敗齊國卻遭遇讒邪奸佞之言。臣每次讀到這些史書，從來沒有一次不感嘆流淚的。然而我現在卻親身碰到這種事，就更為之傷心欲絕。注意，孟達認為自己的處境和伍子胥、蒙恬、樂毅是一樣的，我是忠臣，但是有奸佞之人對劉備進讒言。那麼問題來了，這個奸佞是誰呢？

有人說了，是劉封啊，史料明確記載劉封與孟達不和睦，劉封搶奪了孟達的軍樂隊，孟達害怕劉備降罪，又恨劉封，然後上表劉備告辭。

史書就這麼寫的。

確實，史書是這麼寫的，但你沒覺得邏輯不通嗎？

首先，劉封和孟達不和睦，這是必然的，因為劉封是荊州人，孟達是東州人，在劉備集團內部，現在是荊州派與東州派龍虎爭霸時期，他們倆如果和睦了，那不成自己派系的叛徒了？

有人說了，既然他們倆不和睦，為什麼要讓他們倆一起守城呢？

這叫制衡，不光劉備這樣，家家都這樣。

我們分析一下，劉封搶走孟達的軍樂隊，孟達因為這件事害怕被劉備降罪，這不是很奇怪嗎？荊州派劉封搶我東州派孟達的軍樂隊，然後劉備還降罪我東州派孟達，你覺得邏輯通嗎？然後說孟達恨劉封，導致孟達叛變。記著啊，史書寫的是孟達恨劉封。但大家知道劉封臨死前說什麼嗎？恨不聽孟達之言啊！那孟達對劉封說了什麼呢？孟達說，主上英明，臣下就忠直，那些讒言就行不通了。

如果有人欺君挾主，即使是賢明的父親和慈愛的長輩，也會使立功的忠臣遭受災禍，懷仁的孝子陷入災難。文種、商鞅、白起、孝己、伯奇都是這樣……那我們來看孟達的意思，誰是文種？誰是商鞅？誰是白起？那不就是孟達自己嗎？

誰是孝己？誰是伯奇？那不就是劉封嗎？

我們都是好人，我們都沒錯，但我們得跑，為什麼？因為有讒言，因為有人欺君挾主，這使立功的忠臣遭受災禍，懷仁的孝子陷入災難。

看看孟達對劉封說的話，你感覺他跟劉封是敵對的嗎？

他要表達的是他跟劉封同命相連，因為有壞人，所以忠臣孝子也得逃命。

結果劉封不信，最後劉封臨死前說：「恨不用孟子度之言！」

所以從孟達和劉封的對話中，你還認為孟達叛逃是因為劉封欺負他嗎？

那麼新問題來了，孟達說的奸佞是誰？孟達說誰挾持君主劉備呢？

我們不得而知，因為史料裡沒說明白。

那孟達人在上庸，又不在劉備身邊，他為什麼堅定地認為一定是有奸佞要害他和劉封？為什麼他堅定地認為劉備是被人挾持了？孟達都不在京城，他怎麼知道的？

有人說，孟達有被害妄想症。

也有人認為，孟達怎麼說也是東州派的高層人物，手下沒細作嗎？在京城沒有耳目嗎？

關於這一點，我有一點個人解讀，一家之言，姑且聽之。

孟達是西元二二〇年七月左右叛逃的，在這之前的大半年裡，劉備軍內部有什麼大事發生嗎？有三件大事發生。在這段時間裡：一、東州派頂級人物法正死亡。二、荊州派頂級武將黃忠死亡。三、關羽被殺。前兩者的死對他們各自的派系都是很大的削弱，但東州派更吃虧，因為法正的分量比黃忠要重。這兩個人為什麼會死，眾說紛紜。A觀點認為，是正常死亡。B觀點認為，是劉備在制衡。C觀點認為，是東州派、荊州派爭鬥的結果。D觀點認為，是益州本地人做的，他們想挑撥兩派。E觀點認為，可能是宗室下手的，現在荊州派失去了荊州，猶如失去一臂，未來可能鬥不過東州派。如果荊州派被東州派壓下去，那東州派就會一家獨大，到時候劉備這裡的局面會變成和曹魏一樣，所以只能用宗室來制衡士族，但劉備的宗室只有關羽、張飛，現在關羽死了，只剩張飛，那張飛能制衡住東州派嗎？所以宗室要先下手，讓兩派都減減分。F觀點認為，有沒有可能是東吳或曹魏做的。

總之，觀點眾多，眾說紛紜，但你站在孟達的立場，他能看見的是什麼？

這就是G觀點。

G觀點是什麼？聽我孟達分析。

法正之前是隨軍謀士，後來被劉備封為護軍將軍，手握東州兵兵權。為什麼法正一拿到兵權就死了？這不奇怪嗎？是觸動了誰的利益？到底是誰不願意看見法正拿到兵權？

有人說了，是諸葛亮嗎？

不對，跟諸葛亮沒關係，東州兵一直在我們東州派手裡，劉璋時期，在護軍李嚴手裡；然後劉備來了，東州兵在護軍吳懿手裡；後來跟曹軍作戰，東州兵在護軍黃權手裡；現在打贏了漢中之戰，劉備把護軍給法正了。

這跟諸葛亮沒關係，無論兵權給誰，都跟諸葛亮沒關係，而且劉封是荊州派的儲君，諸葛亮害自己派系的儲君做什麼？

所以，如果害死法正、我孟達、劉封到底對誰有利？

是吳懿，就是他！

他把妹妹嫁給劉備，成為劉備的大舅子，他拿到了護軍，但因為打仗，護軍給黃權了，他認為護軍會回歸他手裡。結果呢？護軍給法正了，現在法正功勞大，護軍不會再回到他手裡了，他要奪回兵權，所以害死法正，這個奸佞就是他。

而且他一定不會讓劉封繼承劉備的，按禮法，必須是過繼子劉封繼承劉備，但如果這樣，他的利益就受損了，他會想方設法向劉備進讒言，讓劉備殺劉封，好讓他妹妹帶著的阿斗接班。阿斗從七歲開始，就由他妹妹養著，至今已經六年了，阿斗已經成了他妹妹的兒子，成他外甥了。只要阿斗接班，他身為舅舅，那權力就大了。所以他一定會害死劉封的。而我是法正的搭檔，法正死了，下一個就是我了。所以他一定會向劉備進讒言，害死我和劉封。

有人說了，不對啊，吳懿不是你們東州派的嗎？害自己人做什麼？什麼自己人？狹義的東州派是南陽人和三輔人，我和法正都是三輔人，吳懿既不是三輔人，也不是南陽人，他不算狹義東州派，他只是廣義東州派而已。而且他現在身分變了，他是外戚。

以上是我的一家之言。有人說了，那法正死了，孟達叛變了，吳懿拿回兵權了嗎？我認為是拿回了，一年後的二二一年，劉備稱帝，吳懿被封為關中都督。劉備臨死前可能是懼怕外戚手握大權，就把東州兵的兵權給了李嚴，封其為中都護。所以在這期間吳懿是最大的贏家。

有人說了，那孟達為什麼不直接跟劉備說，我認為吳懿是奸佞，我們君臣應該一起除掉外戚，他都敢叛變了，還不敢說這個嗎？這個問題很簡單，因為孟達是外人，劉備跟吳夫人、吳懿是一家人，難道讓劉備因為孟達幾句話殺了老婆和大舅子？也正因為這樣，孟達沒必要指名道姓，說了也沒用，所以他很絕望，直接選擇了叛變。

第二十七章 劉備稱帝時克服了哪些困難？

劉備為什麼不追封自己的父親？曹操死時，劉備有什麼反應？劉備延續了大漢，忠漢之士們為什麼不來投奔劉備？在蜀漢眼裡，孫權是國賊嗎？這些問題我們一個一個說，之前先說劉備稱帝的五大困難。

一、漢獻帝不死怎麼辦？二、沒有玉璽怎麼辦？三、沒有祥瑞怎麼辦？四、預言家找不到劉備是真命天子的預言怎麼辦？五、劉備跟漢獻帝怎麼論關係？我們一個一個看。首先，漢獻帝如果不死，劉備是沒資格稱帝的。

在劉備勢力這邊，邏輯是這樣的，曹丕篡奪了大漢，漢獻帝被趕下臺了，我們劉備勢力要延續大漢，所以我們勢力的國號是漢，那誰當皇帝呢？當然還是漢獻帝，劉備只能當王，我們的口號應該是北伐曹魏，迎回獻帝。

但劉備這邊的操作是，說漢獻帝死了，而且還給了漢獻帝一個諡號，叫孝愍，諡號都是死後才給的，漢獻帝還活著呢，就獲得了一個諡號。

有人說了，這不能怪劉備啊，劉備又不知道漢獻帝還活著，曹丕是不是把漢獻帝關起來了，所以劉備以為漢獻帝死了。

非也，漢獻帝不光活著，而且在他的封地裡，他可以穿著皇帝的龍袍，繼續按皇帝的禮儀進行祭祀活動，所以他封地裡的百姓，都知道漢獻帝還活著，動不動就能看見漢獻帝穿著龍袍出來祭祀。

你到曹魏一打聽，就知道漢獻帝被封到了司州河內郡山陽縣，你只要一去山陽縣，隨便問個百姓，就知道他們經常看見漢獻帝穿著龍袍祭祀，所以要知道漢獻帝的死活並不難。

有人說了，劉備又無法進入曹魏的地界，他怎麼可能跑到河內郡山陽縣看見漢獻帝還活著呢？

你覺得曹魏地盤內沒有劉備軍的細作嗎？隨便一個細作按我剛才說的方法，都能知道漢獻帝還活著。有人說了，有沒有可能在曹魏地盤裡，沒有劉備軍的細作呢？如果真是這樣，那劉備軍得弱成什麼樣，哪還打什麼啊？有人說了，怎麼會那麼簡單就讓你知道漢獻帝還活著呢？當然，曹丕就是這麼設計的，他就是要全天下都知道漢獻帝是山陽公，在山陽縣，就是要讓山陽縣所有人都定期能看見漢獻帝穿著龍袍祭祀。這就是曹丕的目的。只要漢獻帝活著，劉備當皇帝就不合禮法。所以最希望漢獻帝活著的人是曹丕，最希望漢獻帝死的人是劉備。但劉備沒有能力殺死漢獻帝，所以就直接簡單對外宣布，漢獻帝已經死了，我給個諡號。

所以在劉備軍內部看來，我們是大漢延續，劉備當皇帝名正言順。

但在曹魏的人看來，漢獻帝還活著，你劉備說他死了，自己稱帝，這簡直是個笑話。

而且，即便漢獻帝真死了，其實也輪不到劉備當皇帝，因為漢獻帝還有兒子。

劉備如果必須等漢獻帝一家全死光才能接班，要等到什麼時候？

所以劉備就簡單一些，直接認為漢獻帝死了，漢獻帝的兒子孫子我們拋開不談。

拋開漢獻帝活著不談，拋開漢獻帝兒子孫子不談，我劉備就不能稱帝嗎？

另外，很多人問，既然大漢臣民都心向大漢，為什麼沒有無數大漢臣民去投奔劉備呢？

原因就在這裡，如果劉備只是延續了大漢，自己不當皇帝，要迎回漢獻帝，或迎回漢獻帝的兒子孫子，那可能合理，也許會有大量的忠漢之士來投奔。

但事實上，劉備是延續大漢了，但自己當皇帝了，名不正言不順的，人家投奔過來了，說要效忠漢獻帝，我們北伐救回漢獻帝，你劉備卻說漢獻帝死了，不用去救，人家說那我們救回漢獻帝的兒孫來當皇帝，你說我們不聊漢獻帝兒孫的問題，那忠漢之士還怎麼投奔你？

劉備稱帝的第一個難題，就這樣被糊弄過去了。

第二個難題，沒有玉璽怎麼辦？當皇帝不能沒玉璽吧？袁術稱帝還拿著玉璽呢，都說袁術是偽帝，人家是有玉璽的，劉備連玉璽都沒有，算什麼皇帝？

這玉璽現在在曹丕手中，漢獻帝給曹丕了，這怎麼辦？派細作去曹丕那裡把玉璽偷來？

面對這個難題，劉備又簡單處理了，他對外宣布真正的玉璽落入漢水了，被襄陽的百姓發現，那時關羽在襄陽，所以襄陽百姓就把玉璽給關羽，最後關羽就派人送給自己了。

所以，關羽給我的這個玉璽是真的，曹丕手裡那個是假的。

有人說了，憑什麼證明關羽送來的就是真玉璽？其實也沒什麼證明，反正就是真的。

也有人說了，為什麼一定要說是在襄陽邊的漢水發現的呢？

因為玉璽原本在漢獻帝身邊，漢獻帝人在許縣。劉備軍所到之處，距離許縣最近的就只有襄陽邊的漢水了。

第三個難題，沒有祥瑞怎麼辦？

劉備要當皇帝，這必須是天人感應的事，上天要降下吉兆，得各地都有祥瑞才行。

於是在劉備的地盤內，各地都不斷發現了祥瑞……

這樣第三個難題解決了。

第四個難題，有沒有關於劉備是真命天子的預言呢？

必須要有啊，預言家說，古籍有記載：「赤三日德昌，九世會備，合為帝際。」就是大漢第三個太陽會德昌。什麼是第三個太陽呢？劉邦建立的西漢是第一個太陽，劉秀建立的東漢是第二個太陽，現在劉備建立的蜀漢就是第三個太陽，而且第三個太陽德昌。還有「九世會備」，指東漢皇帝傳了八代人，到了第九代就該劉備了。這就是預言。

第五個難題，劉備跟漢獻帝怎麼論關係？其實劉備也搞不清楚自己跟漢獻帝是什麼關係，他到底該怎麼對外宣傳？你說漢獻帝死了，你要當皇帝，那你是漢獻帝的誰呢？什麼關係呢？這皇帝要祭拜祖宗的，要追封自己的父親、爺爺為皇帝的，這問題更大了。你劉備的爸爸、爺爺跟漢獻帝又怎麼相稱？是漢獻帝的誰？

這太難辦了，所以劉備不追封自己的父親和爺爺。同時把從劉邦到漢獻帝的所有皇帝都供起來，全部祭拜，辦法主打一個簡單粗糙。

劉備這個簡單粗糙的祭拜法，裴松之給了注釋。

裴松之認為，劉備雖然說自己是出自漢孝景帝，可是經歷的世代已經很久遠了，宗廟輩次排列很難清楚明白，既然已經繼承了漢朝帝位，卻又不知道應該用哪個皇帝作為自己的皇室始祖來立在宗廟裡。這就是裴松之說的「不知以何帝為元祖以立親廟」。裴松之又說，當時劉備身邊人才不少，有學識的人不少，對於宗廟制度，必定是有基本知識的，但史書缺少記載，實在是遺憾。

裴松之的意思是，以劉備軍擁有的人才，一定能把誰應該當劉備祖宗放廟裡這事弄清楚，只是史料缺失，後人不知道了。

所以你看，如果你是曹魏勢力內的一名忠漢之士，你會去投靠劉備嗎？

他沒有玉璽，他說漢獻帝死了，他也沒打算迎回漢獻帝，他非說典籍裡說的東漢第九代皇帝該是他，他連個適合當元祖的皇帝祖宗都找不出來。

這樣的大漢延續，你讓忠漢之士們怎麼去投奔？

我們再看開頭的幾個問題，曹操死時，劉備有什麼反應？有人說，漢賊不兩立，還能有什麼反應，肯定慶賀一番啊！非也，裴松之引用的《魏書》和《典略》兩段史料都記載了一個共同的資訊，就是劉備派使者韓冉去奉書弔唁，而且還送了禮物。有人說了，這怎麼可能？但史料就這麼記載的。

但這兩段史料後面的記載又不太一樣。《魏書》的記載是：「文帝惡其因喪求好。」曹丕厭惡這個行為，什麼行為呢？因為曹操死了而來求好。

那曹丕什麼態度呢？他派荊州刺史斬殺了劉備的使者韓冉，然後拒絕與劉備來往。

《典略》的記載則不一樣了，說這個韓冉稱病，停留在上庸不走了，由上庸的曹魏官員把書信交給曹丕，恰逢曹丕稱帝，曹丕下詔書讓使者到魏國，劉備拿到回報文書後就稱帝了。

兩段記載的結果不一樣，但無論哪個記載，都透露出一個資訊，那就是劉備找曹魏和好了。

而且曹丕在位六年，從來沒有與蜀漢交戰過，反而是兩邊都在打東吳。

最後一個問題，在蜀漢眼裡，孫權是國賊嗎？其實劉備活著的時候，孫權不是獨立勢力，孫權是曹魏的藩屬，屬於大魏，曹丕稱帝後，孫權是大魏的吳王。所以天下只有兩個勢力，站在曹魏的角度，是一個魏，一個偽漢；站在蜀漢的視角，是一個漢，一個賊。

但到了西元二二九年，孫權稱帝了，這下蜀漢怎麼看孫權，原本是一個漢，一個賊，現在賊裡又分出了一個賊。原本是漢賊不兩立，現在是漢賊賊不三立。

孫權稱帝是沒有任何邏輯的，是純國賊。不僅對於蜀漢來說是國賊，對於曹魏來說也是國賊。

但神奇的一幕出現了，蜀漢竟然承認了國賊孫權，不僅承認了，還跟孫權劃分了地盤，就是消滅曹魏後，曹魏的地盤哪些歸蜀漢，哪些歸吳國。

堂堂大漢的延續，竟然跟國賊分地盤，分的是當年大漢的版圖，歷史就是這麼奇怪。

又回到了那個問題，如果你是曹魏的忠漢之士，你接受這種願意把祖宗地盤分給國賊的大漢嗎？這樣的大漢，忠漢的你願意去投奔嗎？

有人說了，那你覺得什麼樣的大漢，忠漢之士願意投奔？

我認為，劉備不稱帝，只當漢中王，口號是討伐曹魏，迎回獻帝，奪回玉璽。古籍裡有預言，我劉備一定會消滅曹魏，救回獻帝，帶獻帝還於舊都，曹操一死，舉國慶賀，堅決不與曹魏和好；孫權稱帝，絕不承認，誓要消滅國賊。

這才是忠漢之士心中的大漢延續。

第二十八章 劉備為何敢決戰東吳？

錯！劉備是來恐嚇孫權的，他不是來決戰的，他的目的是嚇得孫權割地談判，因為劉備有經驗。

幾年前，孫權軍占了劉備的荊州三個郡，長沙、零陵、桂陽。劉備帶著五萬士兵假裝來拚命，嚇得孫權接受了談判。只是因為曹軍打到巴西了，劉備急著回去，談判得提前結束，所以孫權只還回來一個郡。

這次，歷史重演了，孫權軍又占領了劉備的荊州三個郡，南郡、武陵、零陵，劉備又帶著五萬兵假裝來拚命，要嚇唬孫權談判。這次曹軍不會來打益州了，曹軍忙著平涼州叛亂呢！

有人說了，劉備怎麼那麼自信能嚇到孫權？劉備有三大自信：一、在外部矛盾層面，曹魏想打東吳，孫權可能被劉備軍、曹魏軍同時攻擊，到時孫權只能求和劉備，共同抗曹。

二、在內部矛盾層面，因為孫權的遷都使矛盾激化，淮泗人與江東人的矛盾快達到巔峰了。三、在軍事層面，東吳軍騎戰很差，所以曹魏和蜀漢在陸戰上都不懼怕東吳。在劉備看來，他大軍一到，吳軍的淮泗人、江東人就會內訌，誰也不好好應戰，偶爾有真來硬拚的，蜀漢的騎兵一戰便勝，吳軍就會節節敗退，此時曹魏大軍南下，孫權就得來跪地求饒了，到時候劉備就可以隨便向孫權提條件了。

有人說了，為什麼此時曹魏想進攻東吳？

原因有三。首先，曹魏確立了九品中正制，恢復了東漢的五銖錢。

確立九品中正制，士族子弟當官更容易了。接著，在西元二二一年的三月，也就是劉備出兵的四個月之前，曹丕發行了新的貨幣，恢復了東漢的五銖錢，史稱魏五銖。這個貨幣是良幣，品質沒問題，但問題是，士族有大量的佃戶種地，糧食累積在士族手裡，而士族突然抬高了糧食價格，導致百姓需要用更多的魏五銖來購買糧食，這就使大量新發行的魏五銖進入了士族的私人腰包。銅錢是銅鑄造的，曹魏為了發行魏五銖，使用了大量的銅資源，這些銅資源現在變成士族私人的了，有了這些銅，士族可以打造更多鎧甲，來裝備自己的部曲。所以五個月後，到了二二一年八月，也就是劉備出兵的一個月後，曹丕停止發行魏五銖，改為物物交易，以糧食和布為貨幣。

現在曹魏的士族子弟當官的更多了，手裡私兵更強了，那他們想做什麼呢？

這就是我們要說的第二條原因，士族開創了掌兵之路。隨著士族子弟當官越來越容易，力量越來越大，他們占據的重要職位越來越多。

比如潁川士族趙儼，他去河東當太守了，注意，重點是他還有一個身分，典農中郎將。這是個管理農業生產的官職。

有人說了，那又怎麼樣？

再如潁川士族杜襲，他現在是督軍糧御史。

發現共同點了嗎？在二一一年夷陵之戰前，兩個潁川士族，一個是典農中郎將，一個督軍糧御史。

再看，司馬懿現在當什麼官？督軍。

發現沒有？這些潁川士族的官職是個組合。

你負責把糧食種好，我負責運輸，他負責把糧食給軍隊吃，吃完了，帶著他們去打仗。

從生產到運輸，再到使用，都掌握在他們手裡。

有人說了，龐大的魏國官職體系裡，哪是這幾個人就能為所欲為的？

他們還有一個人，是尚書令，通俗點說，有類似宰相的權力。這人叫陳群，是潁川士族。這一下他們的影響力和力量就很大了。

於是他們上書曹丕，要求攻打東吳。

有人說了，這些士族怎麼那麼想打仗呢？他們賺錢了，老實過日子不比什麼都強嗎？如果他們沒有競爭對手，那他們確實可以老實過日子，但曹家有宗室，現在曹仁、曹真、曹休、夏侯尚、夏侯儒都指揮軍隊呢！士族必須努力去打仗，打勝仗，成為各州軍事長官，這才能把宗室壓下去，否則遲早有一天，宗室會壓制士族。

打仗不是目的，目的是藉此吸收力量，壓制住競爭對手的派系。

有人說了，那為什麼不是討伐劉備而是討伐孫權呢？因為討伐劉備成本較高，要考慮交通運輸、後勤補給一系列問題，何況此時涼州出現叛亂，無法直接進攻劉備的地盤。

所以曹魏士族現在就想打東吳，不斷慫恿曹丕出兵。

有人說了，士族想得太簡單，朝廷派軍隊到地方，那是要跟地方州牧合作的，如果跟地方州牧配合不好，那也不好辦。

說的對，士族也想到了，所以士族開創了州牧之路，這就是曹魏進攻東吳的第三條原因。

河東士族賈逵當了豫州刺史，太原士族王淩當了兗州刺史。

有人說，這有什麼用啊？

有用，夷陵之戰後，曹丕真的進攻東吳了，士族刺史協助宗室統帥曹休打東吳，雖然沒打贏，但畢竟士族參與了，有功勞就少不了士族的。後來河東士族賈逵被加封為陽里亭侯、建威將軍，太原士族王淩被加封為宜城亭侯、建武將軍。

另外，孫權還有一件事得罪了曹丕，那就是質子事件。孫權二一七年就向曹操投降了，但遲遲不送嫡長子孫登當質子，所以這也成為士族建議曹丕打孫權的一個理由。

現在我們再看看東吳的內部矛盾。

首先，呂蒙死了，這對於淮泗人是重大打擊。

而江東人陸遜在襄樊之戰立下大功，被封為鎮西將軍，這是重號將軍，東吳職位最高的將軍了。陸遜還在襄樊之戰中俘虜了一萬關羽軍，現在歸他自己了，實力此消彼長，淮泗人能接受嗎？

有人說了，孫權不是很會制衡嗎？這下怎麼辦呢？孫權當然有辦法。襄樊之戰時，孫權到了公安，現在，他壓根沒回江東，直接跑到荊州的鄂縣，改名叫武昌，宣布這裡是新的東吳總部。

這下淮泗人和江東人都傻了。淮泗人萬萬沒想到，東吳占領荊州後，孫權把總部放荊州了，這是對淮泗人的無比信任啊！

江東人也傻了，原本總部在我們江東，怎麼孫權出門打個仗，人沒回來，直接換總部了？我們江東從此不再是政治中心了？

從孫權的角度來說，他這樣做是要擺脫士族的控制，以防自己未來變成傀儡。

但士族不那麼看，他們沒到權力巔峰之前，覺得自己是忠臣，江東人覺得孫權耍了他們。

所以江東人與孫權以及淮泗人有了新的矛盾。

最後，就是東吳軍陸戰壓根不行。為什麼東吳軍陸戰不行？因為東吳軍中北方人少，沒有精銳騎兵。所以在夷陵之戰前，東吳軍沒有一次敢和劉備軍主力在平地正面對抗。

有了上述客觀條件，劉備認為自己優勢重重，所以勇於與東吳決戰。

第二十九章

為何馬超等人未參與夷陵之戰？

一、夷陵之戰為什麼不派馬超出戰？

首先，馬超是降將，劉備可能並不打算重用他。之前也談過，劉備對馬超的態度是：面子給足，政治上邊緣化。

其次，馬超既不算荊州派，也不算東州派，兩派可能也看不起他，馬超更不敢亂站隊，所以愈加孤立。

第三，史料記載：「超羈旅歸國，常懷危懼。」因為馬超是降將，不受重用，可能還面臨種種監視，久而久之可能出現了心理疾病，所以不適合出戰。

二、夷陵之戰為什麼不讓諸葛亮指揮？

因為此時諸葛亮沒有獨自統帥大軍團作戰的經驗，他第一次統帥大軍團作戰是打孟獲。

夷陵之戰前，諸葛亮只有一次軍事經驗，就是和張飛、趙雲一起，三路軍隊支援劉備包圍成都。

三、夷陵之戰為什麼不派魏延出戰？

因為當時魏延是漢中太守，他得守衛北大門。

四、為什麼不派趙雲出戰？

《三國志．蜀書．關張馬黃趙傳第六》中裴松之引用〈雲別傳〉記載：「雲諫曰：『國賊是曹操，非孫權也，且先滅魏，則吳自服。兵勢一交，不得卒解也。』」從史料中可以看出，趙雲是反對這次出兵的。同時他也很擔心戰鬥陷入僵持，一旦變成消耗戰，劉備軍就難以全身而退了。結果也跟趙雲說的一樣，孫權跟劉備耗上了。我們總認為打仗是兩邊大軍每天都拚殺，其實不是，打仗一旦僵持住，就變成吃糧比賽，夷陵之戰從西元二二二年一月到二二二年六月，這半年雙方誰也不打誰，就耗著，劉備五萬大軍白吃半年的糧食，再算上十幾萬勞工運送，這得花多少錢？這是劉備願意看到的結果嗎？趙雲的觀點已經很直接了，我們是漢，去打魏才政治正確。可能因為趙雲的反對態度，所以劉備未派趙雲出戰。

五、秦宓為什麼反對出兵？

除了趙雲，秦宓也反對出兵。《三國志‧蜀書八‧許麋孫簡伊秦傳第八》記載：「先主既稱尊號，將東征吳，宓陳天時必無其利，坐下獄幽閉，然後貸出。」秦宓說天時不當，必難取勝，結果被劉備下獄關起來了，後來花錢才贖出來的。注意，花錢就出來了，這是關鍵點。秦宓是什麼人？我們許多人認為他是個辯論家，這種認知並不夠精準，秦宓是益州本地人，說白了就是益州本地大地主。秦宓反對出兵，在劉備耳朵裡聽到的是：你劉備要打東吳，我們益州本地人反對，我們不出錢。這問題就嚴重了，劉備要打東吳，益州人不願意掏錢支持，那就把你關進監獄。最後秦宓身為益州大地主，只得轉變態度，交錢把自己贖了出來。

六、諸葛亮對劉備出兵是什麼態度？

沒有史料記載諸葛亮在戰前說過什麼。但諸葛亮畢竟是荊州派領袖，劉備要為荊州派奪回荊州，主力是清一色的荊州人，諸葛亮怎麼反對？

等仗打完了，戰敗了，許多人抱怨了，都是你們荊州人喊著鬧著要打荊州，結果國力損耗成這樣，那諸葛亮身為荊州派領袖，得給個說法吧？諸葛亮來了句，如果法正在，應該能勸住。言外之意是，不是我們不勸，勸也沒用，所以戰前就沒勸，而你們東州派也沒人能勸住主公嗎？

第三十章 夷陵之戰中劉備等來孫權的求和了嗎？

劉備西元二二一年七月出兵，大軍占領秭歸，然後七個月按兵不動，按《資治通鑑》的時間線，到了二二二年二月，大軍才到達夷道猇亭，但接著又是四個月按兵不動，大軍前後十一個月不打仗，白白浪費十一個月的糧食，劉備是怎麼想的？

因為劉備出兵不是來滅吳的，劉備是來嚇唬孫權，是來逼著孫權談判的，就像二一五年湘水劃界時一樣。

所以劉備二二一年七月占領秭歸後，首要任務並不是全力進攻，而是等，等孫權來找自己求和。此時的劉備軍已將固陵太守潘璋打跑了，還將駐守巫縣、秭歸的劉阿、李異打跑了，關鍵是占領了益州和荊州的連接點秭歸。劉備認為孫權應該會害怕，萬一此時曹丕也出兵攻吳，孫權怎能擋得住兩面夾擊？

那孫權有什麼反應呢？孫權派人來求和了嗎？

當然沒有，孫權的反應是立刻去向曹丕稱臣。

注意，孫權的反應速度很快，二二一年七月劉備出兵打孫權，一個月後孫權就派人去向曹丕稱臣了，為了表示誠意，孫權還把于禁給送回去了。

從這裡可以看出孫權的思路很清晰，能擊敗我的不是劉備，而是劉備和曹丕一起，所以我只要穩住曹丕，我就不會輸。

那曹丕什麼反應呢？是應該相信孫權的稱臣，不去打孫權，還是完全不信孫權，去進攻孫權呢？

謀臣劉曄跟曹丕說，我們快進攻啊，與劉備聯手滅吳，只要我們出兵，不出十天就能滅吳，多好的機會，千載難逢啊！

結果曹丕反對，後世都說曹丕是傻子。

但我個人不這麼認為，我們先弄清楚一件事，為什麼提出去打孫權的不是陳群、不是司馬懿、不是趙儼、不是杜襲，而是劉曄呢？

之前說過，因為曹魏確立了九品中正制，士族力量不斷提升。所以曹丕最害怕出現士族挾曹丕以令曹魏的情況。

但現在出兵攻吳，是一件能讓士族吸收力量的事，但士族不好主動開口，便找了劉曄這個中間人。劉曄是曹操、曹丕的重要謀士，同時還是大漢宗親，但此時他早就跟士族一條心了。

曹丕又不傻，他當然不想看到士族進一步掌權，便委婉拒絕了劉曄。史料記載：「帝曰：『人稱臣降而伐之，疑天下欲來者心，必以為懼，其殆不可！』」

士族的小算盤被曹丕識破了，那士族接下來怎麼辦？於是士族又說孫權不是真心臣服，他的嫡長子孫登都不送來當人質。所以，他是假意的，不是真心的。曹丕見招拆招，他覺得大家都沒見過孫權，也不了解孫權，得找個跟孫權接觸過的人打聽一下孫權的為人。之前于禁軍被孫權俘虜了，于禁的護軍叫浩周，他在東吳時跟孫權接觸比較多，於是曹丕找來浩周，向他詢問有關孫權的情況。

浩周認為孫權一定會把嫡長子送來當人質的。

這等於將了士族一軍，一個有發言權的人說孫權的好話，這怎麼辦？

於是士族找來跟于禁一起被俘虜的前南陽太守東里袞，他也接觸過孫權。

東里袞則認為孫權不是真心稱臣，他不會把嫡長子送來當人質的。曹丕見士族糾纏不休，乾脆直接派使者去冊封孫權為大魏吳王。劉備二二一年七月出兵打孫權，孫權八月就向曹丕稱臣，曹丕是當月就冊封孫權了，這一系列操作相當迅速。有人說了，曹丕怎麼那麼著急啊?因為曹丕怕夜長夢多，必須快刀斬亂麻，這下好了，剛封了孫權為大魏的吳王，我不能緊接著去打自己封的王吧?

曹丕這一招木已成舟很厲害，但士族沒放棄，繼續讓劉曄去糾纏，說孫權不配封王。這回曹丕直接拒絕，沒得商量。

士族這幾次糾纏讓曹丕很不高興，替你們弄了九品中正制，各種高官也封了，還不知足?所以曹丕決定打壓一下士族的氣焰。

曹丕在二二一年十月下令廢除新五銖錢，改為用糧食、布匹當貨幣來交易。

有人說這是什麼意思?這和打壓士族的氣焰有什麼關係?

我們之前說過，二二一年三月曹魏發行了新的五銖錢，然後士族趁機抬高糧價，用手裡的糧食換到大量的五銖錢，五銖錢是銅製作的，這就等於士族賺到了大量的銅，他們用銅可以打造鎧甲，提升私兵戰力。

曹丕對這事一開始是默許的，但現在士族野心越來越大，所以曹丕得打壓一下士族。

於是曹丕下令廢除五銖錢，切斷了士族的吸銅計畫。

然後，曹丕派宗室曹真、夏侯儒去打涼州，所有部門都要協助曹真，朝廷沒有精力打孫權了。在士族看來，這不是故意的嗎？好好的打什麼涼州啊？雖然涼州有叛亂，但跟打孫權哪個更重要？就算要打涼州，為什麼不派督軍司馬懿去？曹丕說了，司馬懿在涼州打過仗嗎？有經驗嗎？曹真漢中之戰時就西邊作戰，他更適合。

就這樣，曹丕頂住了士族的壓力，並沒有與劉備兩面夾擊孫權。

回到劉備這邊，等他聽說曹丕冊封孫權為吳王的事後，直接傻眼了，這怎麼跟當初設想的不一樣呢？

劉備原本認為自己一出兵，曹魏的士族就會慫恿曹丕出兵，然後孫權就怕了，就來割地求饒。

現在曹丕對孫權封王了，那曹丕還能來打孫權嗎？如果不打，自己帶著幾萬大軍耗在這裡，這每天都是成本啊！接下來怎麼辦？孫權還有來割地求饒的可能嗎？

不著急，看看局勢，還有機會。

這個機會是什麼呢？還是人質問題。

既然孫權都是吳王了，那應該立刻把人質孫登送去，否則說不過去。

二二一年十二月，孫權上書曹丕，正式回覆了讓孫登去當人質的事。他說孫登才十二歲，等大一些再送去當人質。這就等於孫權拒絕送人質了。恰在此時，曹真平定了涼州叛亂，士族又開始鼓動曹丕發兵打孫權。

結果曹丕說，鮮卑的軻比能現在很壯大，也很危險，不得不防，我得調動資源北移，去防禦軻比能。

士族一聽，行啊，讓督軍司馬懿去啊！

老問題出現了，你司馬懿有經驗嗎？沒有。

士族問了，曹真、曹休就有對付鮮卑的經驗嗎？也沒有。最後宗室和士族都別去了，曹丕讓幽州地方的豪強田預、牽招去了。

就這樣，二二一年過完了，劉備大軍還一直待在秭歸，就等曹魏發兵，但就是遲遲等不來。

曹魏不出兵，劉備只能向前施壓，終於在劉備占領秭歸的七個月之後，在二二二年二月，劉備從秭歸出兵了。

劉備帶著吳班、馮習到了夷道猇亭。同時派馬良南下，去武陵招募五溪蠻夷。

然後劉備又不動了，劉備的意思是，孫權你看看局勢，我又前進了一步，而且我還派人去武陵招兵買馬了，接著我雙管齊下，你就危險了，我這一前進，又給了曹魏士族信心，而且你不願意交兒子去當人質，人家打你天經地義，你看清楚，局勢又變化了。

那孫權和陸遜什麼反應呢？沒反應，孫權修孫權的京城，陸遜在夷陵防禦著，一動不動。

劉備又繼續等待，希望能等到曹魏出兵，這一等又是四個月，等到二二二年六月了。

許多人覺得不可思議，大家都認為劉備是來為關羽報仇的，應該拚命進攻啊！

但事實是：「自正月與吳相拒，至六月不決。」

劉備前前後後等了十一個月，就是在等曹魏出兵，他想以最小的代價獲得戰爭的勝利。哪知曹丕與士族的鬥爭也非常激烈，劉備苦等十一個月也沒等來「友軍」，更沒等來孫權求和。

第三十一章 劉備真的不懂兵法嗎？

劉備不知兵嗎？劉備哪能不知兵！劉備是三國第一僱傭兵，沒有之一。哪個軍閥遇到劉備，都把劉備當藩屬。

陶謙把劉備當藩屬，讓劉備抵擋曹操，劉備和曹豹就一起打過曹操。《三國志．魏書．武帝紀第一》記載：「謙將曹豹與劉備屯郯東，要太祖。」

袁紹把劉備當藩屬，讓劉備去偷襲曹操的許縣，劉備就兩次偷襲許縣，還斬殺了曹軍將領蔡陽。《三國志．蜀書．先主傳第二》記載：「曹公遣蔡陽擊之，為先主所殺。」

劉表把劉備當藩屬，讓劉備去偷襲曹操的許縣，劉備打到南大門葉縣，在博望伏擊了夏侯惇、于禁，生擒了夏侯蘭。

劉璋把劉備當藩屬，讓劉備去打張魯，劉備就打下了劉璋的地盤。

另外，劉備還有其他戰績，《三國志·蜀書·先主傳第二》記載：「楊奉、韓暹寇徐、揚間，先主邀擊，盡斬之。」《三國志·魏書·董二袁劉傳第六》記載：「太祖遣劉岱、王忠擊之，不克。」

除此之外，劉備還取得了漢中之戰的勝利，這是劉備的巔峰之戰。

這個作戰經驗和戰績叫不知兵嗎？

曹丕、孫權、陸遜三個人的作戰經驗加在一起也沒劉備多，這是事實。

我們再看夷陵之戰，劉備戰術真的是教科書級別，他使了個連環技能，叫圍點打援＋誘敵伏兵。

先說一下什麼是圍點打援，很多人分不清楚它和掎角之勢的區別。

甚至有人認為，我方打別人的掎角，如果我方贏了，就叫圍點打援；如果我方輸了，就是敵人的掎角之勢成功了，其實完全不是這樣。

圍點打援的核心是打援，目的就是打這個援軍，這是核心，至於圍的這個點怎麼樣，不重要，只要能打掉援就可以。

比如說，夏侯淵和韓遂作戰，韓遂守城，城池堅固，夏侯淵就不打城池，他去圍一個羌族部落，這個部落裡有韓遂軍將士的家眷，這就引得韓遂不得不率軍出城。

於是韓遂現在是援，而夏侯淵要打的就是他這個援，夏侯淵在半路攻擊這個援，獲得了勝利。

夷陵之戰時的劉備也是這樣，劉備派軍隊去包圍了孫桓軍，《三國志·吳書·陸遜傳第十三》記載：「孫桓別討備前鋒於夷道，為備所圍。」

因為孫桓是宗室，他地位高貴，劉備斷定陸遜必定會派精銳援軍來救援，劉備要的就是重創敵人精銳，如果成功了，孫權怕了，有可能就求和割地了。

有人說了，要是劉備直接拿下孫桓，豈不是更有價值？

非也，孫桓是防禦方，古代打仗易守難攻，要是硬啃下孫桓，這代價得多大？作戰的目的是以少量的代價獲得巨大的利益。

所以劉備並不是全力強攻，如果真是日夜強攻，劉備傷亡會多些，但孫桓可能早就被拿下了。

有人說了，劉備不捨得傷亡，圍住孫桓的縣城不拚命強攻，目的是吸引東吳精銳，那打東吳精銳，傷亡不更多嗎？

非也，東吳精銳是出了城行走在道路上的，沒了城池，防禦力弱多了。而且，現在劉備軍控制著道路，只要東吳軍隊出現，不知道道路上會有什麼埋伏，通俗點說，就是劉備軍在暗，孫權軍在明，劉備軍優勢極大。即便有這種優勢，劉備還不滿意，為了損失更小，他希望是能伏擊東吳精銳，一口氣將孫權打怕。

《三國志．吳書．陸遜傳第十三》記載：「先遣吳班將數千人於平地立營，欲以挑戰。」

這吳軍一看，劉備軍太囂張了，來了幾千人在平地上安營，還敢挑戰我們。我們本就打算出城去救孫桓，現在還來挑戰，那我們更得出戰了，而且來挑戰的人看著不強，就幾千人而已，還是平地立營，你能玩出什麼花樣？這是千載難逢的立功好機會！

那陸遜派誰去了呢？誰也沒派。

史料記載：「當禦備時，諸將軍或是孫策時舊將，或公室貴戚，各自矜持，不相聽從。」當時將領們誰也不服誰，也不聽命於陸遜。現在吳班送上門來，「諸將皆欲擊之」，有好事了大家都積極了，陸遜以有詐為由，不許眾將出戰。

回到劉備這邊，吳班在前挑戰，那伏兵藏在哪裡？具體怎麼引來吳軍呢？

《三國志．吳書．陸遜傳第十三》記載：「乃引伏兵八千，從谷中出。」就是劉備帶了八千士兵躲在山谷裡。

所以劉備的具體計畫可能就是：吳班在平地上挑戰吳軍，然後假裝戰敗，往山谷裡跑，引誘吳軍追進山谷，最後山谷裡的劉備軍伏兵包圍並消滅吳軍。

我們現在總結一下劉備的戰術。

一、包圍孫桓所在縣城，吸引東吳軍精銳來進攻，以達到圍點打援的效果。

二、為了減少傷亡，不強攻城池，要以最小的代價消滅東吳軍精銳。

三、用消滅東吳軍精銳來震懾孫權，逼他割地求饒。

但為了整個計畫，劉備軍必須同時進攻兩個點——在秭歸與陸遜軍大本營對峙，在夷道包圍孫桓。既然要對這兩點同時施壓，在補給線上，就要保證控制秭歸到夷道一線，但這條線道路狹窄，這就導致駐紮在這條線上的劉備軍營帳密密麻麻，呈線狀分布。

這種打法，無論你東吳軍打劉備軍哪個點，它附近的點都會協防，你都不好打。除非你能全面出擊，同時攻擊劉備軍所有的點，切斷劉備軍所有的點，這才能贏。

有人說了，劉備傻嗎？他如果自己都先明白這個問題了，他就不怕陸遜全面出擊嗎？

這就是一個老生常談的話題了，打仗就是比誰家的矛盾更激烈。

陸遜軍內部都這個樣子了，因為孫權遷都，淮泗人與江東人矛盾更新，誰都指揮不動誰，陸遜如何有能力指揮全軍出擊呢？

所以目前就劉備來看，即使曹魏沒出兵，自己與孫權這麼耗著也能贏。劉備可能覺得圍點打援實現不了，那就退而求其次，先耗死孫桓，這也能震懾孫權。

尤其孫桓一死，陸遜根本沒辦法跟孫權交代，那時還會使宗室與江東人的矛盾更新，說不定什麼時候孫權內部就崩潰了。

所以戰役打到這裡，劉備的勝率是非常高的，他的手段也是教科書等級的。

那面對這種局勢，陸遜能怎麼辦呢？

面對這種局勢，陸遜甚至可以說是心狠手辣。因為兩軍僵持，吳軍陸戰比較弱，面對劉備的戰術，陸遜一不救孫桓，二不主動出戰，吳軍內部各派系的矛盾眼看就要爆發了。這時陸遜召集眾將，拔劍喝令，史書記載：「遜案劍曰：『劉備天下知名，曹操所憚，今在境內，此強對也。諸君並荷國恩，當相輯睦，共翦此虜，上報所受，而不相順，非所謂也。僕雖書生，受命主上。國家所以屈諸君使相承望者，以僕有尺寸可稱，能忍辱負重故也。各在其事，豈復得辭！軍令有常，不可犯矣！』」同時陸遜派出一支隊伍當敢死隊，威懾那些不聽指揮的將領，誰不服從命令，就當敢死隊送命去。陸遜憑藉非常的手段臨時團結了吳軍，劉備的最大優勢不復存在了，所以後面陸遜抓住機會戰勝了劉備軍，歸根結柢就是因為控制住了內部矛盾，從而轉變了兩軍的攻守之勢。

第三十二章 夷陵之戰劉備軍折損了多少兵力?

《三國志．魏書．程郭董劉蔣劉傳第十四》中裴松之引用《傅子》記載：「權將陸議大敗劉備，殺其兵八萬餘人，備僅以身免。」《三國志．魏書．文帝紀第二》中裴松之引用《魏書》記載：「孫權上書，說：『劉備支黨四萬人，馬二三千匹，出秭歸。』」《三國志．吳書．陸遜傳第十三》記載：「破其四十餘營。」《三國志．吳書．吳主傳第二》記載：「蜀軍分據險地，前後五十餘營。」

根據上面的資料，我們逐一分析。

首先可以確定劉備大軍約五萬人，當時每一千人為一營，所以孫權的傳記中說劉備軍有「五十餘營」，這就對上了。其次，孫權的上書與陸遜的傳記中卻又說「劉備支黨四萬人」、「破其四十餘營」。這兩處跟「五十餘營」對不上了，那一萬人去哪裡了?因為當時劉備軍主力四萬人，那一萬人是馬良招募的五溪蠻夷，加起來就是五萬人了。為什麼孫權的上書與陸遜的傳記中只提到了四萬人呢？

因為這四萬人是劉備軍主力，也是陸遜直接面對的。另一萬五溪蠻夷是偏軍，主要與步騭作戰。

我們可以這樣理解，史料中記載與四萬人有關的資訊，是指劉備軍主力；記載與五萬人有關的資訊，是指全部劉備軍。

可是劉備軍一共五萬人，《傅子》中卻記載「殺其兵八萬餘人」，這是為什麼？因為這個數據是魏國人統計的，魏國人在記錄勝仗的斬殺數據時，有特殊的統計法。《三國志·魏書·袁張涼國田王邴管傳第十一》記載：「破賊文書，舊以一為十。」

簡單點說，就是陸遜率軍斬殺八千人，但記錄成八萬人。

新問題又來了，《三國志·吳書·吳主傳第二》記載：「臨陳所斬及投兵降首數萬人。」孫權說，在夷陵之戰中我們斬殺的和投降我們的劉備軍一共有數萬人。

那這個「數萬人」是怎麼計算出來的呢？

首先，陸遜軍斬殺了八千劉備正規軍。步騭軍消滅了一萬五溪蠻夷。這樣加起來就一萬八千人。

還有《三國志．吳書．陸遜傳第十三》記載：「備將杜路、劉寧等窮逼請降。」假設這兩人各帶一個營投降，那就是兩千人，加上那一萬八千人，就是兩萬人了。兩萬人就可以記錄為「數萬人」了，這樣也沒問題。

那陸遜率軍斬殺的是哪八千人呢？《三國志．吳書．陸遜傳第十三》記載：「備知其計不可，乃引伏兵八千，從谷中出。」劉備之前正好帶了八千人當伏兵。

那這八千人是什麼組合呢？我個人認為荊州中軍有一萬人，也就是兩個軍，前部督張南指揮一個軍，共五千人；大督馮習帶著四個別督（輔匡、趙融、廖化、傅彤），他們每人督一營，共五千人。

所以劉備帶的八千伏兵，可能是前部督張南的五千人，大督馮習的一千人，別督傅彤的一千人，劉備自己帶的一千人。一共八千人。

我們看具體交戰情況，《三國志．吳書．吳主傳第二》記載：「陸遜部將軍宋謙等攻蜀五屯，皆破之，斬其將。」

這裡的屯不是軍制裡的屯，軍制裡一隊五十人，一屯一百人，一曲二百人，一部一千人。

這裡的屯是陣地的意思，我個人認為可以簡單理解為營，也就是宋謙攻破劉備軍五個營，我認為這五營就是荊州中軍前部督張南的五個營，斬的將可能就是張南本人。

現在張南和他的五千人沒了，只剩下劉備、馮習、傅彤各帶的一千人了。

《三國志．吳書．程黃韓蔣周陳董甘凌徐潘丁傳第十》記載：「璋部下斬備護軍馮習等，所殺傷甚眾，拜平北將軍、襄陽太守。」大督馮習和他帶的一千人被潘璋軍消滅了。

講到這裡，我再解釋一下劉備軍的組成：一萬五溪蠻夷在與步騭作戰；一萬水軍由陳式指揮，並沒有參與陸戰；一萬東州中軍由黃權指揮，駐紮在江北，沒參與作戰；一萬荊州中軍跟隨劉備；一萬東州中軍由吳班指揮，作為先鋒。

《三國志．吳書．朱治朱然呂範朱桓傳第十一》記載：「然別攻破備前鋒，斷其後道，備遂破走。拜征北將軍，封永安侯。」

朱然攻擊的劉備軍先鋒，我個人認為就是吳班軍，然後朱然切斷了吳班軍後路，劉備只能率軍突圍。

有人說了，你怎麼知道吳班的先鋒軍和劉備在一起？

因為《三國志·吳書·陸遜傳第十三》記載：「先遣吳班將數千人於平地立營，欲以挑戰。」但陸遜並沒有出戰，「備知其計不可，乃引伏兵八千，從谷中出」。

也就是劉備帶兩個先鋒軍來進攻，東州兵中軍吳班帶幾千人誘敵，荊州中軍馮習等帶八千人當伏兵。

正是因為有吳班的東州兵在，所以劉備才能突圍成功。否則張南的五千人被宋謙滅了，大督馮習被潘璋滅了，劉備還怎麼突圍？

我們來總結一下劉備軍的傷亡情況。陳式帶著一萬水軍，並沒有傷亡記載。黃權帶著一萬東州中軍，也沒有傷亡記載。吳班帶著一萬東州中軍，有作戰記載，但沒有具體傷亡記載。只有荊州中軍被斬殺八千，大督馮習陣亡、前部督張南陣亡、別督傅彤陣亡、胡王沙摩柯陣亡，另外一萬五溪蠻夷被斬殺。

所以劉備軍五萬人，損失了兩萬，黃權帶一萬人投降了，陳式一萬人、吳班一萬人可能沒什麼損失，劉備的士兵折損率約為百分之六十。

荊州中軍六個督，大督、前督、四個別督，明確陣亡的是三個。

這和我們記憶中的劉備軍全軍覆沒，只有劉備本人逃跑了，完全不一樣。

第三十三章 劉備是如何託孤的？

《三國志．蜀書．諸葛亮傳第五》記載：「先主於永安病篤，召亮於成都，屬以後事，謂亮曰：『君才十倍於曹丕，必能安國，終定大事。若嗣子可輔，輔之；如其不才，君可自取。』」

首先，說一個老生常談的話題，什麼叫「君可自取」？許多人說，不就是劉備讓諸葛亮當皇帝嗎？「若嗣子可輔，輔之」就是如果阿斗能輔佐，就輔佐他。「如其不才，君可自取」就是如果阿斗不成才，那你就取代阿斗。

讓諸葛亮當大漢的皇帝？大漢的皇帝姓諸葛？這合適嗎？還是諸葛亮改姓劉？讓諸葛亮當劉備的過繼子，改叫劉亮？

有人說了，是不是劉備臨死前糊塗了？

「君可自取」的「取」是選取的意思，劉備是讓諸葛亮從他別的兒子裡選一個換掉阿斗，皇帝必須還是劉備的兒子。當時除了劉禪，劉備還有劉永和劉理兩個兒子。

所以劉備的意思是：阿斗值得輔佐，你諸葛亮就輔佐，不值得輔佐就把他換了，從我其他兒子裡再選一個當皇帝，廢立大權交給你了。

然後《三國志·蜀書·先主傳第二》中裴松之引用的《諸葛亮集》記載：「臨終時，呼魯王與語：『吾亡之後，汝兄弟父事丞相，令卿與丞相共事而已。』」

假設你是劉備的三兒子魯王劉永，你聽見劉備跟諸葛亮說，阿斗要是不行，你就換個兒子輔佐。你一想，那就剩我和劉理了，我是哥哥，我比劉理年紀大，那很大機率就是把我換上去啊！

劉備臨終前又喊你過去，讓你們兄弟像對待父親一樣對待諸葛亮，你們要和諸葛亮一起共創事業。

這什麼意思？如果是讓阿斗和諸葛亮一起共事，讓他像對待父親一樣對待諸葛亮，這我能理解。

現在劉備對我說這話，這什麼意思？他說的是「汝兄弟」，而不是阿斗帶著你們兄弟。

好像我劉永現在和阿斗地位是平等的。

劉備給了諸葛亮「君可自取」的權力，阿斗能當皇帝，我也能當，那可不是地位平等嗎？

有人說了，劉備為什麼動了想立劉永的念頭呢？是因為劉備和阿斗的感情出現了裂痕嗎？

非也，所有主公選儲君，選的都不是儲君本人，而是儲君背後的力量。

比如孫權到底是愛孫和，還是愛孫霸？這跟孫和、孫霸兩人本身有關係嗎？有，但不多，孫權更多考量的是孫和背後的陸遜派系。

那曹操是選曹丕還是曹植？這跟曹丕、曹植誰個人能力強有關嗎？有，但不多，曹操更多考量的是曹丕背後的潁川士族。

那劉表是選劉琮還是劉琦？他關注的是這哥倆嗎？他關注的是劉琮背後的蔡瑁帶著的荊州各家族。

劉備這裡同理，阿斗七歲開始就由東州派吳夫人養著，東州派的吳懿、吳班是阿斗的舅舅，讓阿斗接班，東州人可以更得勢。而荊州派失去了荊州，實力大減，夷陵之戰又失敗了，許多荊州本土將領都死了，可謂雪上加霜，在這種局面下，如果再按原計畫讓阿斗接班，那荊州派就更難與東州派抗衡了。原本兩派力量勢均力敵，現在成了三七比，荊州派眼看就要失勢了，所以劉備問諸葛亮，要不要別讓阿斗接班，換一個，比如劉永。這等於遊戲重開，至少對荊州派局勢會好一些，不然大漢外戚專權的歷史就要重演了。

結果諸葛亮沒同意換阿斗，劉備也沒再提這事。

最終，劉備託孤給荊州派和東州派，把相權給了一個人，把兵權給了一個人。因為諸葛亮在劉備活著的時候就沒當過大統帥，而李嚴不僅當過護軍，還數次平定後方叛亂。那只能是相權給諸葛亮，兵權給李嚴。

《三國志．蜀書．先主傳第二》記載：「先主病篤，託孤於丞相亮，尚書令李嚴為副。」

《三國志．蜀書．劉彭廖李劉魏楊傳第十》記載：「三年，先主疾病，嚴與諸葛亮並受遺詔輔少主；以嚴為中都護，統內外軍事，留鎮永安。」

西元二二三年六月十日，劉備在永安宮病逝，時年六十三歲。

電子書購買　爽讀 APP

國家圖書館出版品預行編目資料

劉備真史，三國史料的真相與解讀：生平考證 × 人物剖析 × 傳說辯證……從黃巾起義到蜀漢滅亡，探索歷史記載之外的劉備及三國 / 張睿 著 . -- 第一版 . -- 臺北市 : 崧燁文化事業有限公司 , 2025.02
面；　公分
POD 版
ISBN 978-626-416-292-0(平裝)
1.CST: (三國) 劉備 2.CST: 傳記
782.825　114000805

劉備真史，三國史料的真相與解讀：生平考證 × 人物剖析 × 傳說辯證……從黃巾起義到蜀漢滅亡，探索歷史記載之外的劉備及三國

臉書

作　　者：張睿
發 行 人：黃振庭
出 版 者：崧燁文化事業有限公司
發 行 者：崧燁文化事業有限公司
E-mail：sonbookservice@gmail.com
粉 絲 頁：https://www.facebook.com/sonbookss/
網　　址：https://sonbook.net/
地　　址：台北市中正區重慶南路一段 61 號 8 樓
8F., No.61, Sec. 1, Chongqing S. Rd., Zhongzheng Dist., Taipei City 100, Taiwan
電　　話：(02) 2370-3310　　傳　　真：(02) 2388-1990
印　　刷：京峯數位服務有限公司
律師顧問：廣華律師事務所 張珮琦律師

-版權聲明

本書版權為淞博数字科技所有授權崧燁文化事業有限公司獨家發行電子書及紙本書。若有其他相關權利及授權需求請與本公司聯繫。

未經書面許可，不可複製、發行。

定　　價：375 元
發行日期：2025 年 02 月第一版
◎本書以 POD 印製